L'UNIVERS,

ou

HISTOIRE ET DESCRIPTION

DE TOUS LES PEUPLES,

DE LEURS RELIGIONS, MOEURS, INDUSTRIE, COUTUMES, ETC.

L'AFRIQUE CHRÉTIENNE,

Par M. JEAN YANOSKI,

AGRÉGÉ DE L'UNIVERSITÉ, PROFESSEUR D'HISTOIRE AU COLLÉGE STANISLAS, etc.

AVANT-PROPOS; PREMIERS SUCCÈS DU CHRISTIANISME EN AFRIQUE; ÉTABLISSEMENT DES ÉVÊCHÉS; PREMIERS CONCILES; AGRIPPINUS ET OPTAT, ÉVÊQUES DE CARTHAGE. — En nulle contrée de l'ancien monde le christianisme n'a été plus florissant qu'en Afrique. Sur la vaste étendue de côtes que baigne la Méditerranée, depuis les limites les plus orientales de la régence de Tripoli jusqu'à Tanger, s'élevaient jadis dans les villes, à la place occupée aujourd'hui par les mosquées, et là même où l'on ne rencontre plus que le désert, d'innombrables églises. Sur cette terre où, pendant mille ans et plus, Mahomet a régné sans partage, on ne trouvait, du quatrième siècle au sixième, que des chrétiens.

L'islamisme, il est vrai, a changé l'aspect de l'Afrique. Il a fait disparaître de la Tripolitaine, de la Byzacène, de la province carthaginoise, de la Numidie et des trois Mauritanies jusqu'au dernier vestige de la civilisation romaine et du christianisme. Cependant il n'a pu effacer tous les souvenirs qui se rattachent à l'ancien état social et religieux de ces contrées. L'Église d'Afrique avait légué avant l'invasion arabe, à l'Asie et à l'Europe, des documents sans nombre qui attestaient l'héroïsme de ses martyrs, la multitude de ses membres, la violence de ses schismes, et la science de ses docteurs.

C'est l'histoire de cette illustre Église que nous voulons raconter. Pour arriver à notre but il suffira donc de consulter tous les titres, anciens et vénérables, qu'elle nous a transmis; de mettre en œuvre, en un mot, les matériaux qu'elle-même, au temps de sa puissance et de sa grandeur, avait pris soin de rassembler (1).

(1) Nous avons donc beaucoup emprunté aux anciennes légendes, aux canons des conciles et aux livres des Pères. Toutefois, nous devons dire que souvent aussi nous avons eu recours aux ouvrages modernes et que nous y avons pris (comme le témoignent nos citations) des opinions, des vues et de savantes explications. Parmi ces ouvrages, il en est un dont nous parlerons ici en quelques mots.

L'Afrique chrétienne de Morcelli (*Stephani Antonii Morcelli, e S. J., præpositi ecclesiæ clarensis*, Africa Christiana, *in tres partes tributa.* Brixiæ, 1816; in-4°) est un chef-d'œuvre d'érudition. L'auteur dans ses trois volumes n'a omis aucun des faits qui se rapportent à l'histoire du christianisme en Afrique. Mais d'un autre côté, il n'y a pas une idée générale dans cette prodigieuse compilation. Morcelli semble se défier de sa raison. En général, il s'abstient d'apprécier et de juger les hommes et les événements. Il laisse à d'autres le soin de tirer la conclusion des faits qu'il a si soigneusement enregistrés. Si Morcelli a voulu prou-

A quelle époque et par quels missionnaires le christianisme fut-il introduit en Afrique? On l'ignore. Sans doute, dès la fin du premier siècle, quelques disciples des apôtres vinrent d'Asie ou d'Europe, sur des vaisseaux marchands, pour apporter l'Évangile dans les populeuses et riches cités du littoral africain. Carthage dut être le point de départ de la prédication. Il est vraisemblable que ce fut aussi dans la capitale de l'Afrique que fut élevé le premier siége épiscopal. La doctrine nouvelle se répandit avec rapidité dans l'intérieur des terres. Là, comme ailleurs, elle gagna, ainsi que l'attestent d'anciens documents, les actes des martyrs par exemple, des hommes de toutes les classes, depuis les esclaves jusqu'à ceux qui occupaient le premier rang dans la société romaine.

Saint Cyprien nous apprend que dès la fin du second siècle il y avait dans la Proconsulaire et dans la Numidie un grand nombre d'évêchés (1). Agrippinus, le premier évêque connu de Carthage, convoqua à cette époque un concile où il fit statuer que les hérétiques qui voudraient rentrer dans le sein de l'Église, seraient soumis à un second baptême. L'opinion qui fut émise dans ce concile, et qu'approuva plus tard saint Cyprien, a été condamnée par l'Église.

Optat, après la mort d'Agrippinus, occupa le siége épiscopal de Carthage.

PROPAGATION DES IDÉES CHRÉTIENNES; LA PERSÉCUTION EN AFRIQUE; LES MARTYRS SCILLITAINS. — Les idées chrétiennes se répandirent avec rapidité dans toute l'Afrique. La doctrine nouvelle obtint dans cette province un tel succès que bientôt le gouvernement impérial en conçut de vives alarmes. Septime Sévère ordonna au proconsul Vigellius Saturnin de faire d'actives recherches et de punir par le dernier supplice ceux qui refuseraient de jurer par le génie des empereurs et de sacrifier aux dieux. Bientôt douze chrétiens de la ville de Scilla (1) furent saisis et amenés à Carthage, devant le tribunal proconsulaire. Saturnin leur promit le pardon des empereurs s'ils voulaient renoncer aux croyances qu'ils avaient embrassées. Mais tous d'une voix unanime s'écrièrent : Nous sommes chrétiens et nous voulons rester chrétiens. Spérat était le plus ardent des accusés; il stimulait le courage des autres par sa fermeté et la véhémence de ses réponses. Enfin le proconsul cessa de promettre et menaça. Les chrétiens restèrent inébranlables. Alors Saturnin prononça contre Spérat, Narzal, Cittin, Veturius, Felix, Acyllin, Letantius, et cinq femmes, Januaria, Generosa, Vestina Donata et Secunda, une sentence de condamnation. Ces premiers martyrs de l'Église d'Afrique se rendirent au lieu du supplice sans proférer une plainte et sans rien perdre de leur résolution. Ils eurent la tête tranchée. Cette sanglante exécution, loin de ralentir le zèle des chrétiens, ne fit que l'enflammer. Le nom des douze victimes était répété dans leurs réunions secrètes, avec vénération ; plusieurs, parmi les païens se laissèrent gagner aux doctrines qui inspiraient tant de dévouement et d'héroïsme, et ceux-là mêmes qui ne renoncèrent point aux croyances et à la pratique de l'ancienne religion ne purent s'empêcher d'admirer les martyrs si fameux dans l'Église sous le nom de *martyrs scillitains*.

ENTHOUSIASME DES CHRÉTIENS, L'APOLOGÉTIQUE DE TERTULLIEN. — La mort de Spérat et de ses compagnons et toutes les rigueurs de la persécution n'avaient donc point abattu les chrétiens. Loin de là, elles avaient excité parmi eux un redoublement d'énergie et d'ardeur qui allait jusqu'à l'enthousiasme. « Tel fut le progrès de cet enthousiasme que là, comme ailleurs, la cruauté des gouverneurs romains fut vaincue par la foule des victimes. Toute la province d'Afrique se remplit d'églises d'évêchés. Le nombre, la richesse des chrétiens s'accroissaient dans les épo-

---

ver, non qu'il savait penser, mais seulement qu'il savait lire et compiler, il a complètement réussi. Il a montré dans son travail (et c'est là sans doute la seule louange qu'il ait recherchée) une patience admirable. En résumé, pour les dates et l'exactitude des faits, Morcelli est un guide très-sûr que nous n'avons jamais abandonné.

(1) Cypriani epist. 71 *ad Quint*. — V. aussi Morcelli (*Africa christiana*); t. I, p. 30.

(1) Cette ville était située dans la Proconsulaire.

ques de tolérance. Le zèle et la foi s'exaltaient dans les jours de persécution, et cette alternative favorisait ainsi doublement l'essor du culte nouveau (1). »

La persécution suivit son cours. Tous les chrétiens qui furent amenés devant les magistrats imitèrent l'exemple des *Scillitains*, leurs illustres devanciers; ils répondaient avec fermeté à leurs juges, demeuraient inébranlables dans leur conviction et marchaient au supplice tranquilles et résignés. Cependant, à la vue du sang versé, il y eut des voix qui s'élevèrent pour demander compte aux bourreaux de leurs inutiles fureurs. « Que ferez-vous, disait un chrétien d'Afrique, de ces milliers d'hommes, de femmes de tout âge, de tout rang, qui présentent leurs bras à vos chaînes? de combien de feux, de combien de glaives n'aurez-vous pas besoin? Décimerez-vous Carthage? » Le plus éloquent interprète de l'Église persécutée fut alors un homme originaire de Carthage, Tertullien, qui, après une vie agitée, avait adopté les croyances du christianisme et était entré, suivant d'anciens témoignages, dans les ordres sacrés. Il écrivit, pour la défense de ses frères, un livre célèbre, l'*Apologétique*. Dans les pages véhémentes de ce plaidoyer il n'implore point humblement pour les chrétiens la pitié des bourreaux. « La vraie doctrine, dit-il, ne demande point de grâce, parce qu'elle n'est point étonnée de son sort. Elle sait qu'elle est nouvelle et étrangère en ce monde et que parmi des étrangers on trouve aisément des ennemis. Son origine, sa demeure, son espérance, sa puissance, sa gloire, tout est dans le ciel. Pour le présent elle ne veut qu'une chose, c'est qu'on ne la condamne pas avant de la connaître. Les lois humaines seront-elles affaiblies si vous l'écoutez? » Il y a au contraire, dans les paroles de Tertullien, cette audace et nous dirions presque cet orgueil que ressentent les partisans d'une doctrine qui fait chaque jour de nouveaux progrès et qui prévoient, pour

(1) M. Villemain; *de l'éloquence chrétienne dans le quatrième siècle*; voy. Les *Nouveaux Mélanges*, p. 454.

leurs idées, un prochain triomphe. L'*Apologétique* disculpe, il est vrai, les chrétiens; elle montre la fausseté des accusations portées contre eux; elle réduit à néant les calomnies que les partisans habiles du polythéisme répandaient à dessein parmi le peuple; mais le but de l'auteur est moins de prouver l'innocence des chrétiens que d'instruire ceux auxquels il s'adresse; en un mot, l'*Apologétique* est moins une justification qu'une prédication. C'est aussi, contre l'ancienne religion, une violente satire. En expliquant le christianisme Tertullien l'oppose nécessairement au polythéisme, qu'il attaque avec une logique pressante et en s'aidant plus d'une fois dans la discussion de mordantes et amères railleries. Çà et là on rencontre, dans son œuvre, à côté de l'exagération et de l'emphase africaines, des traits d'une haute éloquence. A ceux qui s'étonnaient des réclamations des chrétiens et qui disaient : De quoi vous plaignez-vous, puisque vous voulez souffrir? il répond : « Nous aimons les souffrances comme on aime la guerre; on ne s'y engage pas volontiers à cause des alarmes et des périls; mais on y combat de toutes ses forces et on se réjouit de la victoire. Notre combat consiste à être traînés devant les tribunaux pour y défendre la vérité aux dépens de notre vie. Vous avez beau nous montrer, comme chose infamante, les pieux auxquels vous nous attachez, le sarment sur lequel vous nous brûlez. Ce sont là nos robes de fêtes, nos chars de triomphe, les éclatants témoignages de notre victoire. Nous sommes, dites-vous, des furieux et des fous à cause de ce mépris de la mort qui a pourtant rendu à jamais illustres Scévola, Régulus, Empédocle, Anaxarque et tant d'autres; eh quoi! faut-il donc souffrir toutes sortes de maux pour la patrie, pour l'empire, pour l'amitié, et rien pour Dieu? » Ailleurs on trouve le passage tant de fois cité : « Puisque, comme nous l'avons dit, il nous est ordonné d'aimer nos ennemis, qui pourrions-nous haïr? De même, s'il nous est défendu de nous venger de ceux qui nous offensent pour ne pas leur ressembler, qui pourrions-nous offenser?

Vous-mêmes, je vous en fais juges, combien de fois vous êtes-vous déchaînés contre les chrétiens, autant pour satisfaire à vos préventions que pour obéir à vos lois! Combien de fois, sans même attendre vos ordres, la populace, de son seul mouvement, ne nous a-t-elle pas poursuivis, les pierres ou les torches à la main! Dans les fureurs des bacchanales, on n'épargne pas même les chrétiens morts, défigurés, demi-consumés; on les arrache, pour disperser leurs restes, de l'asile de la mort, du repos des sépulcres. Cependant nous a-t-on jamais vus chercher à nous venger, nous que l'on pousse avec tant d'acharnement, nous que l'on n'épargne pas même dans la mort? Pourtant, il nous suffirait d'une seule nuit et de quelques torches, s'il nous était permis de repousser le mal par le mal, pour tirer des maux dont on nous accable, une terrible vengeance. Mais loin de nous l'idée qu'on puisse venger une société divine par le feu humain, ou que cette société puisse s'affliger des épreuves qui la font connaître! Que si, au lieu d'agir sourdement, nous en venions à des représailles ouvertes, manquerions-nous de forces et de troupes? Les Maures, les Marcomans, les Parthes même, quelque nation que ce soit renfermée dans ses frontières, est-elle plus nombreuse que nous, c'est-à-dire qu'une nation qui n'a d'autres limites que l'univers? Nous ne sommes que d'hier, et nous remplissons tout ce qui est à vous, vos villes, vos places fortifiées, vos colonies, vos bourgades, vos assemblées, vos camps, vos tribus, vos décuries, le palais, le sénat, le forum; nous ne vous laissons que vos temples! » Ce livre, si plein de raison, de chaleur et d'éloquence, dut avoir un immense retentissement. Il gagna, on peut le croire, bien des âmes à la nouvelle religion et, d'autre part, il raffermit ceux que la persécution avait ébranlés. Plus d'un chrétien, sans doute, en lisant l'œuvre de Tertullien, dut répéter, dans un élan d'irrésistible enthousiasme, quelques-uns des mots qui terminent l'*Apologétique* : « Courage, magistrats! puisque le peuple vous trouve meilleurs quand vous lui immolez des chrétiens, condamnez-nous, tourmentez-nous, déchirez-nous écrasez-nous! Notre sang est une semence féconde. Nous multiplions quand vous nous moissonnez. »

TERTULLIEN ET SES ŒUVRES. — Tertullien avait déjà parlé en faveur des chrétiens, mais avec moins d'éloquence, dans son ouvrage adressé aux *Nations*. Dans ce dernier ouvrage, comme dans l'*Apologétique*, ses démonstrations sont nécessairement, à cause du cadre étroit où il se renferme, succinctes et tronquées. Il les compléta par son traité du *Témoignage de l'âme*. Sa polémique contre le polythéisme ne l'absorba pas tout entier; il fit encore une rude guerre aux juifs et principalement aux chrétiens qui s'étaient écartés de la tradition et de la vraie doctrine. C'est là qu'il excelle par la logique. Les marcionites sont rudement attaqués par Tertullien. Marcion reconnaissait deux essences divines supérieures à toutes les autres: l'une active, l'autre inactive; un dieu qui se manifestait par des actes, un autre qui restait immobile. Ces deux dieux étaient égaux en puissance et coéternels. Il y avait dans le système de Marcion une vague tendance vers la doctrine orientale des deux principes du bien et du mal, en ce sens que, pour lui, le dieu qui agit est l'auteur du mal, tandis que le dieu inactif est essentiellement bon. Tertullien ne discuta point seulement contre Marcion, mais aussi contre Hermogène, qui ne reconnaissait, il est vrai, qu'une seule essence divine, laquelle est le principe du bien, mais qui faisait la matière coéternelle à Dieu et cause première du mal. Puis, il attaqua Praxéas qui, par une vive réaction contre la doctrine du dualisme divin, alla jusqu'à nier la Trinité pour mieux établir l'unité de son dieu. Tertullien, on le conçoit, défendit la Trinité et conséquemment le dogme de l'Incarnation. Il combattit encore à plusieurs reprises les hérésiarques dans divers ouvrages et notamment dans son traité de la Chair du Christ (*de Carne Christi*), dans le *Scorpiaque*, et dans la discussion générale qui est connue sous le nom de *Prescriptions*.

Tertullien s'élève avec une grande

violence contre l'ancienne philosophie. Il abhorre les *gnostiques* et tous ces savants, parmi les chrétiens, qui, de son temps déjà, enfantaient sur Dieu et la création, des systèmes empreints de l'esprit grec et de l'esprit oriental. C'est dans cette haine contre la tradition philosophique, si nous pouvons nous exprimer ainsi, que se trouve une grande part de son originalité. A défaut de la science qu'il repousse et à laquelle, cependant, il n'est pas étranger, Tertullien s'appuie sur le bon sens, et plus souvent encore il appelle à son aide un auxiliaire plus puissant, à savoir, la vivacité de sa foi.

Dans les œuvres consacrées exclusivement à la polémique, comme dans les traités sur le baptême, la pénitence, la prière, l'idolâtrie, les spectacles, le *pallium*, la chasteté, la patience, etc., on trouve les qualités et les défauts de l'*Apologétique* : une logique puissante, une chaleur qui se manifeste souvent par des traits d'une sublime éloquence. Ajoutez à cela une fine raillerie, une grande vivacité et parfois aussi de la grâce. On rencontre, il est vrai, dans tous ces livres, les vices de l'esprit africain, un goût prononcé pour les images hardies, de l'exagération et de l'emphase, et çà et là, de la gêne, des obscurités et de la confusion. Mais les beautés plus nombreuses et plus saillantes que les défauts ont acquis à Tertullien une gloire que le temps n'a point encore affaiblie.

Tertullien, suivant d'anciens récits, vécut séparé de l'Église catholique, dans la seconde moitié de sa vie, et partagea l'erreur des *montanistes*. Ce changement s'explique par la nature même de son esprit. Montan, le chef de la doctrine qu'il avait embrassée, prétendait déjà de son temps que les chrétiens vivaient dans un funeste relâchement; il voulait donc changer leurs mœurs, les régénérer. D'autre part, il croyait au don de prophétie. Tertullien se laissa entraîner volontiers, par sa foi vive, dans l'erreur de Montan. Il crut en deux femmes exaltées, Maximille et Priscille, qui se disaient animées de l'esprit de Dieu. Puis, comme son rigorisme avait toujours été croissant, depuis le jour où il avait engagé le combat contre le polythéisme, et qu'à la vue des périls qui, de toutes parts, menaçaient l'Église, son indulgence pour les faibles et les hérésiarques s'était progressivement affaiblie, il approuva sans hésiter une morale qui n'avait point de pardon pour les fautes les plus légères. Ce changement dans ses convictions lui dicta sur le jeûne, la pénitence, le martyre, des pages remplies de sophismes, et tout empreintes du rigorisme le plus exagéré. Plus tard, son esprit indépendant le détacha des montanistes. Il se fit le chef d'une nouvelle secte dont les membres s'appelaient, de son nom, *Tertullianistes*. Ils étaient nombreux en Afrique. Ce fut saint Augustin qui les ramena dans le sein de l'Église catholique. Nous serions porté à croire que ces chrétiens austères jusqu'à l'excès favorisèrent au moins, s'ils ne le provoquèrent pas en partie, le schisme des donatistes.

Toutefois, malgré les écarts qu'ils reprochent à l'auteur de l'*Apologétique*, les docteurs les plus illustres du christianisme lui ont tenu compte des efforts qu'il avait faits pour préciser et coordonner leurs dogmes aux yeux des païens; ils n'ont pas oublié, nonobstant sa chute, que sa controverse avait été, pour ainsi dire, le point de départ de tous leurs écrits; à toutes les époques, ils ont prodigué à cet héroïque lutteur les louanges et les témoignages de la plus vive admiration; et parmi eux, il s'est trouvé un saint, qui, faisant allusion non point seulement au temps où Tertullien avait vécu, mais encore à son mérite, n'a pas craint de l'appeler le *premier des Pères de l'Église* (1).

(1) Voy. sur Tertullien et ses écrits : August Neander; *antignostikus Geist des Tertullianus und Einleitung in dessen Schriften*; Berlin, 1825. — M. J. P. Charpentier; *Étude historique et littéraire sur Tertullien*; Paris, 1839. — Henri Ritter; *Histoire de la philosophie chrétienne*, traduite de l'allemand par Trullard; t. I, p. 325 — 376; Paris, 1843. Ritter s'est servi plus d'une fois du livre de Neander. — Fleury; *Histoire ecclésiastique*, t. II, p. 5 et suiv.; in-4°. — Berault-Bercastel; *Histoire de l'Église*; t. I, p. 368 et suiv. — Rohrbacher; *Histoire universelle de l'Église catholique*; t. V, p. 243 et suiv.; Paris, 1842. — Voy. aussi : Ludw. Gieseler; *Lehrbuch der Kirchengeschichte*; t. I, p. 232 et suiv.; Bonn, 1831.

Tertullien était né dans la dernière moitié du second siècle ; il parvint, suivant d'anciens témoignages, à une extrême vieillesse.

SUITE DE LA PERSÉCUTION ; MARTYRE DE PERPÉTUE, DE FÉLICITÉ, DE RÉVOCATUS, DE SATURNIN, DE SECUNDULUS ET DE SATUR. — Malgré l'*Apologétique* de Tertullien et les nombreuses réclamations, en faveur des chrétiens, qui arrivaient sans doute de toutes les provinces, Septime Sévère et ses jurisconsultes ne cherchèrent point à se rendre compte des dogmes et des enseignements de la religion persécutée. Ce qu'ils voyaient surtout dans le christianisme, c'était une doctrine qui conduisait à l'infraction des lois. Les chrétiens refusaient avec une obstination invincible de jurer par le génie des empereurs. C'était, aux yeux de Sévère et de ses légistes, un acte de rébellion, un crime de lèse-majesté. Aussi, ils se montrèrent impitoyables, et ils prescrivirent des rigueurs que devait encore aggraver le zèle religieux des juges qui étaient restés partisans sincères du polythéisme. Mais, nous l'avons dit, les chrétiens ne se laissèrent point effrayer ; inébranlables dans leur foi, animés en outre du plus vif enthousiasme, ils se présentaient avec résolution devant les tribunaux, répondaient avec assurance, et ne perdaient rien de leur fermeté au milieu des plus horribles tortures. Ils se réjouissaient en vue de ce qu'ils appelaient leur triomphe prochain ; parfois, ils se plaisaient à raconter eux-mêmes, par écrit, la longue série de leurs souffrances, et, quand le fer du bourreau arrêtait leur main, ils confiaient à un de leurs frères le soin de dire aux Églises comment ils étaient morts, et de terminer ainsi le récit qu'ils avaient commencé. Nous avons déjà parlé des *Scillitains*. Nous devons raconter maintenant un autre martyre, qui commença dans les prisons et se termina dans l'amphithéâtre de Carthage. Nous reproduirons ici textuellement, dans ses parties les plus importantes, un ancien document qui, si l'on considère les faits qu'il contient, les circonstances au milieu desquelles il a été écrit, et l'admirable simplicité de sa forme, doit être mis assurément au nombre des plus belles légendes du christianisme (1).

« On arrêta, à Carthage (202 ou 203), Révocatus et Félicité, esclaves du même maître, Saturnin et Secundulus, et avec eux Vivia Perpetua, issue d'une famille riche et puissante. Elle avait été élevée avec soin et bien mariée. Elle avait son père et sa mère, deux frères, l'un desquels était catéchumène, et un enfant à la mamelle qu'elle nourrissait de son lait. Son âge était d'environ vingt-deux ans. Elle-même a écrit de sa main et raconté, ainsi qu'il suit, l'histoire de son martyre :

« Comme nous étions encore avec les persécuteurs, et que mon père continuait à vouloir me faire tomber par l'affection qu'il me portait, je lui dis : Mon père, voyez-vous ce vase qui est par terre ? Oui, dit-il. J'ajoutai : Peut-on lui donner un autre nom que le sien ? Non, répondit-il. Je ne puis pas non plus, moi, me dire autre chose que je ne suis, c'est-à-dire chrétienne. Mon père, touché de ce mot, se jeta sur moi pour m'arracher les yeux ; mais il ne fit que me maltraiter et s'en alla vaincu avec les inventions du démon. Ayant été quelques jours sans voir mon père, j'en rendis grâces au Seigneur, et son absence me soulagea. Ce fut dans l'intervalle de ce peu de jours que nous fûmes baptisés ; or, je ne songeai, au sortir de l'eau, qu'à demander la patience dans les peines corporelles. Peu de jours après, on nous mit en prison ; j'en fus effrayée, car je n'avais jamais vu de telles ténèbres. Oh ! que ce jour me dura ! quelle chaleur ! on étouffait à cause de la foule ; puis des soldats nous poussaient avec brutalité ; enfin je séchais d'inquiétude pour mon enfant. Alors les bénis diacres Tertius et Pompone, qui nous assistaient, obtinrent, à prix d'argent, que pour nous rafraîchir nous pussions passer en un lieu plus commode de la prison. Nous sortîmes ; chacun pensait à soi : je donnais à téter à mon enfant qui mourait de faim.

(1) Voy. le recueil de Ruinart : *Acta primorum martyrum sincera et selecta* (Paris, 1689, in-4°), p. 85. Nous empruntons la traduction de Fleury, revue et modifiée quelquefois par l'abbé Rohrbacher. Nous avons essayé, à notre tour, de corriger cette dernière traduction.

Inquiète pour lui, j'en parlais à ma mère; je fortifiais mon frère et lui recommandais mon fils. Je séchais de douleur, parce que je les voyais eux-mêmes séchant de douleur pour l'amour de moi; je passai plusieurs jours dans ces inquiétudes. M'étant accoutumée à garder mon enfant dans la prison, je me trouvai aussitôt fortifiée, et la prison me devint un palais; en sorte que j'aimais mieux y être qu'ailleurs. Mon frère me dit alors : Madame et sœur, déjà vous êtes en grande faveur auprès de Dieu; demandez-lui donc qu'il vous fasse connaître par quelque vision si vous devez finir par le martyre ou par être rendue à la liberté. »

Perpétue, en effet, eut une vision pendant son sommeil. Elle comprit qu'elle était destinée au martyre. Elle le dit à son frère; et tous deux, suivant l'expression de la sainte, commencèrent à n'avoir plus aucune espérance dans le siècle. Perpétue reprend le récit en ces termes : « Peu de jours après, le bruit se répandit que nous devions être interrogés. Mon père vint de la ville, consumé de tristesse; il monta vers moi (1) pour me faire tomber dans l'apostasie, disant : Ma fille, ayez pitié de mes cheveux blancs! ayez pitié de votre père, si du moins je suis digne que vous m'appeliez votre père! Si moi-même, de mes mains que voilà, je vous ai élevée jusqu'à cette fleur de l'âge; si je vous ai préférée à tous vos frères, ne me rendez pas l'opprobre des hommes. Regardez vos frères, regardez votre mère et votre tante; regardez votre fils qui ne pourra vivre après vous. Quittez cette fierté, de peur de nous perdre tous; car aucun de nous n'osera plus parler, s'il vous arrive quelque malheur. Ainsi me parlait mon père dans sa tendresse, me baisant les mains, se jetant à mes pieds et m'appelant avec larmes non plus sa fille, mais sa dame. Et moi, je pleurais sur les cheveux blancs de mon père, je gémissais de ce que, seul de toute ma famille, il ne se réjouissait pas de mon martyre; et j'essayais de le

(1) Au temps de la domination romaine, les prisons de Carthage étaient situées sous le palais proconsulaire, et le palais lui-même se trouvait sur la colline où s'élevait jadis la citadelle de Byrsa. Voy. dans ce volume la *topographie de Carthage*.

fortifier, en disant : Sur l'échafaud, il arrivera ce qu'il plaira à Dieu; car sachez bien que nous sommes en la puissance de Dieu, non pas en la nôtre. Et il s'en alla tout triste. Le lendemain, comme nous dînions, on vint tout d'un coup nous enlever pour être interrogés, et nous arrivâmes à la place. Le bruit s'en répandit aussitôt dans les quartiers voisins, et l'on vit accourir une foule immense. Nous montâmes sur l'échafaud. Mes compagnons furent interrogés et confessèrent. Quand mon tour vint, mon père se présenta tout à coup avec mon fils; il me fit descendre les degrés, et me dit d'une voix suppliante : Ayez pitié de votre enfant! Le procurateur Hilarien, qui remplaçait alors Minucius Timinien, qui venait de mourir, me disait de son côté : Épargnez les cheveux blancs de votre père! Épargnez l'enfance de votre fils! Sacrifiez pour la prospérité des empereurs! Je n'en ferai rien, répondis-je. Êtes-vous chrétienne? me dit-il. Et je lui répondis : Je suis chrétienne. Cependant, mon père se tenait toujours là pour me faire tomber. Hilarien commanda de le chasser; et il fut frappé d'un coup de bâton. Je ressentis le coup de mon père comme si j'eusse été frappée moi-même, tant je compatissais à son infortunée vieillesse! Hilarien prononça la sentence, et nous condamna tous aux bêtes. Et nous descendîmes joyeux à la prison. Comme mon enfant était accoutumé à recevoir de moi le sein et à demeurer avec moi dans la prison, j'envoyai aussitôt le diacre Pompone pour le demander à mon père; mais mon père ne voulut pas le donner. Et il plut à Dieu que l'enfant ne demanda plus à téter, et que je ne fusse pas incommodée de mon lait; de sorte que je restai sans inquiétude et sans souffrance. »

La sainte, après avoir raconté une seconde vision, ajoute : « L'inspecteur Pudens, qui était gardien de la prison, conçut une grande estime pour nous, parce qu'il voyait sans doute que notre courage venait de Dieu. Il laissait donc entrer beaucoup de frères, afin que nous pussions nous consoler et nous encourager mutuellement. Quand le jour du spectacle approcha, mon père vint me trouver. Il était accablé de tristesse;

il commença à s'arracher la barbe; puis il se jeta à terre, et la face tournée vers le sol, il se mit à maudire ses années et à se plaindre en des termes qui eussent ému la créature la plus insensible. Et moi, je gémissais sur sa malheureuse vieillesse.

« La veille de notre combat, j'eus cette vision : le diacre Pompone était venu à la porte de la prison, et frappait bien fort; je sortis et lui ouvris. Il était vêtu d'une robe blanche, bordée d'une infinité de petites grenades d'or. Il me dit : Perpétue, nous vous attendons; venez. Il me prit par la main, et nous commençâmes à marcher par des lieux rudes et tortueux. Enfin nous arrivâmes à l'amphithéâtre à grand'peine et tout hors d'haleine. Il me conduisit au milieu de l'arène et me dit : Ne craignez point, je suis ici avec vous et je prends part à vos travaux. Il se retira, et j'aperçus un grand peuple qui regardait ébahi. Comme je savais que j'étais destinée aux bêtes, je m'étonnais, car on ne les lâchait point. Il sortit alors contre moi un Égyptien fort laid qui vint me combattre avec ses auxiliaires. Mais il vint aussi vers moi des jeunes hommes bien faits, pour me secourir. Je fus dépouillée de mes vêtements, et me trouvai changée en homme; on me frotta d'huile pour le combat, et je vis de l'autre côté l'Égyptien se rouler dans la poussière. Alors parut un homme merveilleusement grand, en sorte qu'il était plus haut que l'amphithéâtre, vêtu d'une tunique sans ceinture avec deux bandes de pourpre par devant et semée de petits ronds d'or et d'argent. Il tenait une baguette, comme les maîtres des gladiateurs, et un rameau vert où se trouvaient suspendues des pommes d'or. Ayant commandé le silence, il dit : Si l'Égyptien remporte la victoire sur la femme, il la tuera par le glaive; mais si elle vient à le vaincre, elle aura ce rameau; et il se retira. Nous nous approchâmes, et nous commençâmes à nous donner des coups de poing. Il voulait me prendre par les pieds, mais je lui en donnais des coups dans le visage. Je fus élevée en l'air et commençai à le battre comme si j'eusse frappé la terre. Voyant que cela durait trop, je joignis mes deux mains, passant mes doigts les uns dans les autres, et, le pressant, je le fis choir, et avec mes pieds je foulai sa tête. Le peuple se mit à crier, et mes auxiliaires à chanter. Je m'approchai du maître, qui me donna le rameau avec un baiser, en disant : La paix soit avec vous, ma fille. Je commençai à marcher avec gloire vers la porte Sana-Vivaria de l'amphithéâtre. Je m'éveillai; et je compris que je ne combattrais pas contre les bêtes, mais contre le démon; et je me tins assurée de la victoire. Voilà ce que j'ai fait et vu jusqu'à la veille du spectacle; qu'un autre écrive, s'il veut, ce qui s'y passera. »

Ici, en effet, la narration de la sainte est interrompue; mais, comme Perpétue l'avait désiré, il se trouva un chrétien qui raconta les derniers instants des martyrs. Il les visita dans la prison et ne les quitta, comme on le voit par le document que nous avons sous les yeux, qu'au moment où ils cessèrent de vivre. Ce fut lui sans doute qui plaça, entre les derniers mots tracés par Perpétue et son propre récit, une vision écrite par un chrétien condamné au dernier supplice. Ce chrétien s'appelait Satur. Il était venu se livrer aux magistrats, et on l'avait joint, dans l'arrêt de mort, aux martyrs que nous avons déjà nommés. Après avoir transcrit la vision de Satur, le nouveau narrateur s'exprime en ces termes : « Secundulus mourut dans la prison. Félicité était enceinte de huit mois, et, voyant le jour du spectacle si proche, elle était fort affligée, craignant que son martyre ne fût différé, parce qu'il n'était pas permis d'exécuter les femmes enceintes. Elle craignait de répandre ensuite son sang innocent avec quelques scélérats. Les compagnons de son martyre étaient sensiblement affligés, de leur côté, de la laisser seule, elle, une si bonne compagne, dans le chemin de leur commune espérance. Ils se mirent donc tous ensemble à gémir et à prier. Cela se passait trois jours avant le spectacle. Aussitôt après leur prière, les douleurs prirent Félicité, et comme, l'accouchement étant naturellement plus difficile dans le huitième mois, elle se plaignait, un des guichetiers lui dit : Tu te plains maintenant! Eh! que feras-tu donc quand tu seras exposée à ces bêtes que tu as méprisées, lorsque tu refusas de sacrifier? Elle répondit : C'est moi qui souffre maintenant ce que je souffre; mais là, il y en aura un autre en moi qui souffrira pour moi, parce que je souffrirai pour lui. Elle accoucha d'une petite fille, qu'une sœur éleva comme son enfant........

« Comme le tribun traitait les martyrs très-rudement, parce que, sur l'avis de gens sottement crédules, il craignait qu'ils ne se tirassent de la prison par quelque sortilége, Perpétue lui dit en face : Pourquoi ne nous donnes-tu pas du soulagement, puisque nous sommes les condamnés du très-noble César, et que nous devons combattre à sa fête? N'est-il pas de ton honneur que nous y paraissions en bon état? Le tribun eut peur et rougit : il commanda donc qu'on les traitât plus humainement; qu'on accordât aux frères et aux autres la liberté d'entrer dans la prison, afin que des deux parts on pût s'apporter des soulagements. Le surveillant de la prison était déjà croyant. La veille des jeux, on leur donna, suivant la coutume, le dernier repas, que l'on appelait le repas libre, et qui se faisait en public; mais les martyrs le convertirent en une agape modeste, autant qu'il était en eux. Ils parlaient au peuple avec leur fermeté ordinaire, le menaçant du jugement de Dieu, attestant les délices qui se trouvaient dans leurs souffrances, et raillant la maligne curiosité de ceux qui accouraient auprès d'eux. Satur leur disait : Le jour de demain ne vous suffit pas pour voir à votre aise ceux que vous haïssez. Aujourd'hui amis, demain ennemis. Après tout, remarquez bien nos visages, afin de nous reconnaître au jour solennel. En sorte que tous se retirèrent interdits. Plusieurs, dans cette foule, adoptèrent les nouvelles croyances.

« Enfin parut le jour de leur victoire. Ils sortirent de la prison pour l'amphithéâtre, comme pour le ciel : leurs visages était rayonnants; ils étaient émus, non de crainte, mais de joie. Perpétue suivait, calme dans ses traits et dans sa démarche, comme l'épouse chérie du Christ; elle tenait les yeux baissés, pour en dérober la vivacité. Félicité se réjouissait de s'être assez bien relevée de sa couche pour combattre les bêtes et se purifier ainsi, comme par un second baptême, dans son propre sang. Lorsqu'ils furent arrivés à la porte de l'amphithéâtre, on voulut forcer les hommes à revêtir le costume des prêtres de Saturne, et les femmes celui des prêtresses de Cérès. Ils s'y refusèrent avec une fermeté invincible, disant : Nous ne sommes venus ici volontairement que pour conserver notre liberté; nous avons sacrifié notre vie pour ne rien faire de semblable; cela a été arrêté entre vous et nous. L'injustice reconnut la justice; le tribun consentit à ce qu'ils entrassent avec les vêtements qu'ils portaient. Perpétue chantait, foulant déjà aux pieds la tête de l'Égyptien. Révocatus, Saturnin et Satur semblaient dédaigner le peuple qui regardait. Étant arrivés à la vue d'Hilarien, ils lui disaient par signe de la main et de la tête : Tu nous juges, mais Dieu te jugera. Le peuple en fut irrité, et demanda qu'ils fussent fouettés en passant devant les veneurs. Les martyrs se réjouirent de participer en quelque chose à la passion du Seigneur. Celui qui a dit : Demandez et vous recevrez, leur accorda la mort que chacun d'eux avait souhaitée; car lorsqu'ils s'entretenaient ensemble du martyre, Saturnin avait manifesté le désir d'être exposé à toutes sortes de bêtes, afin de remporter une couronne plus glorieuse. Ainsi, dans le spectacle, lui et Révocatus, après avoir été attaqués par un léopard, furent encore maltraités par un ours. Satur ne craignait rien tant que l'ours, et souhaitait qu'un léopard le tuât d'un seul coup de dent. Il fut d'abord exposé à un sanglier; mais le veneur qui avait lâché la bête, en reçut un coup dont il mourut après les fêtes. Satur fut seulement traîné. Puis on lâcha un ours; mais l'ours ne sortit point de sa loge. Ainsi Satur, étant sain et entier, fut rappelé pour la seconde fois. Les jeunes femmes furent dépouillées et mises dans des filets pour être exposées à une vache furieuse. Le peuple en eut horreur, voyant l'une si délicate et l'autre encore malade de sa couche avec des mamelles dégouttantes de lait. On les retira donc et on les couvrit d'habits flottants. Exposée la première, Perpétue fut jetée en l'air et retomba sur les reins. Elle se mit sur son séant, et voyant sa robe déchirée sur le côté, elle la rejoignit pour cacher ses cuisses, plus occupée de la pudeur que de la douleur. On la reprit, et elle renoua ses cheveux qui s'étaient détachés, car il ne convenait point qu'un martyr souffrît les cheveux épars, de peur de paraître affligé de sa gloire. Elle se leva, et voyant Félicité toute froissée par terre, elle lui donna la main et l'aida à se relever. Elles se tenaient debout toutes les deux; mais le peuple, dont la dureté avait été vaincue, ne voulut pas qu'on les exposât de nouveau, et on les reconduisit à la porte *Sana-Vivaria*. Perpétue y fut reçue par un catéchumène nommé Rustique, qui lui était attaché. Alors elle s'éveilla comme d'un profond sommeil, tant elle avait été ravie en esprit et en extase, et commença à regarder autour d'elle, en disant, au grand étonnement de tout le monde : Quand donc exposera-t-on à cette vache? On lui dit ce qui s'était passé; elle ne le crut que lorsqu'elle vit sur son corps et sur son vêtement les marques de ce qu'elle avait souffert, et qu'elle reconnut le catéchumène. Puis elle fit appeler son frère, et lui dit, ainsi qu'à Rustique : Demeurez fermes dans la foi; aimez-vous les uns les autres, et ne soyez pas scandalisés de nos souffrances. Satur, à une autre porte, suivait le soldat Pudens, et lui disait : Me voici enfin comme je vous l'avais prédit; aucune bête ne m'a encore touché. Croyez donc de tout votre cœur; je m'en vais là, et je finirai par une seule morsure d'un léopard. Aussitôt (on était à la fin du spectacle) il fut présenté à un léopard, qui, d'un seul coup dent, le couvrit de sang. Le peuple s'écria : Le voilà bien lavé, le voilà sauvé! faisant une allusion ironique au baptême. Mais lui, se tournant vers Pudens : Adieu, lui dit-il, souvenez-vous de ma foi! Que ceci ne vous trouble point, mais, au contraire, vous confirme! Puis, il lui demanda l'anneau qu'il avait au doigt, le mit sur sa blessure, et le lui rendit comme un gage de son amitié et un souvenir de son sang. Après quoi on l'exécuta au lieu où l'on avait coutume d'égorger ceux que les bêtes n'avaient pas achevés. On nommait ce lieu *Spoliarium*.

« Le peuple demanda alors qu'on ramenât les chrétiens au milieu de l'amphithéâtre, pour les voir frapper et s'associer ainsi, par les regards, à l'homicide. Les martyrs se levèrent, y allèrent d'eux-mêmes, après s'être donné le baiser, afin de consommer le martyre par un acte solennel de paix. Ils reçurent le dernier coup, immobiles et en silence; quant à Perpétue, elle tomba entre les mains d'un gladiateur inexpérimenté, qui la piqua entre les os et la fit crier; elle fut obligée de conduire elle-même la main tremblante de son bourreau. »

Si ces pages, après tant de siècles, nous paraissent encore si belles et nous émeuvent fortement, qu'on juge de l'effet qu'elles ont produit au temps des persécutions. On en fit sans doute de nombreuses copies, que de pieux messagers transportaient, suivant un vieil usage (1), d'Église en Église, non point seulement en Afrique, mais encore en Europe et en Asie, dans les pays les plus lointains. C'est ainsi que les chrétiens de contrées diverses se transmettaient, pour ainsi dire, le courage et le dévouement, et s'aidaient, malgré les distances, à l'aide d'un simple récit, à ne rien perdre, au milieu des tortures, de leur enthousiasme et de leur foi.

LA PERSÉCUTION SE FAIT SENTIR DANS TOUTES LES PARTIES DE L'AFRIQUE; ELLE SE RALENTIT; TROUBLES INTÉRIEURS DE L'ÉGLISE PENDANT LA PAIX. — Ce ne fut point seulement à Carthage que l'édit de Septime Sévère fut mis à exécution. Nous savons par Tertullien (2) que la persécution s'étendit sur toutes les villes de l'Afrique. Parmi les magistrats impériaux, il y en eut qui se montrèrent, à l'égard des chrétiens, doux et modérés et qui essayèrent d'atténuer les rigueurs de la loi; mais d'autres, au contraire, soit dans des vues d'ambition, soit par un sincère attachement aux doctrines du polythéisme, usèrent sans pitié, pour anéantir ceux qu'ils appe-

---

(1) Voy. comme exemple, la lettre de l'église de Smyrne aux autres églises concernant le martyre de saint Polycarpe (ap. Ruinart, p. 28). Le recueil de Ruinart (*Acta primorum martyrum sincera et selecta*) contient plus d'un document de ce genre.

(2) Voy. la lettre adressée par Tertullien au proconsul Scapula.

laient les ennemis de l'empire, des tortures et des plus affreux supplices. Au nombre de ces derniers se trouvaient le proconsul Scapula et le gouverneur de la Mauritanie.

La persécution se ralentit enfin. Toutefois, il faut croire qu'il n'y eut de paix véritable pour les chrétiens que sous le règne d'Alexandre Sévère. L'Église d'Afrique avait à peine joui de quelques instants de repos qu'elle fut agitée par des querelles. Elle était déjà tourmentée et déchirée par les schismes et les hérésies. Ce fut probablement au temps d'Alexandre Sévère qu'un concile se rassembla, en Numidie, dans la colonie de Lambèse, pour condamner l'hérétique Privat. Suivant le témoignage de saint Cyprien (1), quatre-vingt-dix évêques (et ce seul fait prouve les immenses progrès du christianisme en Afrique) prirent place dans ce concile.

Après la persécution et la mort d'Agrippinus et d'Optat, on vit paraître successivement, sur le siége épiscopal de Carthage, Cyrus, Donat et Cyprien (2). Ce dernier s'éleva au moment où Tertullien achevait sa longue carrière.

CONVERSION DE SAINT CYPRIEN; SES PREMIERS OUVRAGES; IL DEVIENT ÉVÊQUE DE CARTHAGE. — Cyprien appartenait à une des familles les plus illustres et les plus riches de l'Afrique romaine. Il avait été élevé, dans sa jeunesse, avec beaucoup de soin. Dirigé par des maîtres savants et habiles, il avait pris le goût des lettres et les avait étudiées avec fruit. Il parut bientôt avec éclat dans les écoles justement renommées de Carthage. C'est là qu'il donnait avec grand succès des leçons publiques d'éloquence, lorsque, dans un âge déjà assez avancé, il se fit chrétien. Les écrivains ecclésiastiques nous apprennent que cette conversion fut l'œuvre d'un prêtre nommé Cecilius.

(1) Saint Cyprien, au moment où finissait la persécution ordonnée par l'empereur Decius et à propos d'un concile qu'il avait convoqué à Carthage, écrivait ces mots à saint Corneille : *Per Felicianum autem significavi tibi, frater, venisse Carthaginem Privatum veterem hæreticum in Lambesitana colonia, ante multos fere annos, ob multa et gravia delicta, nonaginta episcoporum sententia condemnatum.* Cypriani ad Cornel. epist. 45.

(2) Morcelli (*Africa christiana*); t. I, p. 51 et 52.

Cyprien mit bientôt sa science et son zèle au service de la croyance qu'il avait embrassée. Il se livra avec ardeur à l'étude des saintes Écritures et des ouvrages de Tertullien, pour lequel il avait une admiration sans bornes ; puis, lorsqu'il se sentit suffisamment fortifié par ses nouvelles lectures, il essaya, à son tour, par de nombreux écrits, de défendre le christianisme. Ses premiers essais, on le comprend, sont empreints de la vive réaction qui s'est opérée dans son esprit. D'abord, il adresse à un de ses amis, Donat, une lettre sur le mépris du monde; ensuite, comme fit Arnobe plus tard, pour donner en quelque sorte à ses nouveaux frères un gage de sa foi, et peut-être pour se raffermir lui-même, il attaque violemment le polythéisme dans son traité de la *Vanité des idoles*. Dans ce dernier ouvrage, Cyprien procède avec une excessive réserve; il n'a point encore assez de confiance dans ses propres forces pour s'écarter des opinions déjà émises par les docteurs de l'Église, ses prédécesseurs, et il suit, pour ainsi dire, pas à pas, Tertullien qu'il avait choisi pour modèle. Sa manière est plus originale, ses allures sont plus libres dans ses trois livres *des Témoignages*. Le premier livre contient une discussion contre les juifs; Cyprien y établit que la loi ancienne a fait son temps, et qu'il faut nécessairement adopter et suivre la loi du Christ, la loi nouvelle. Le second est consacré à l'exposition du dogme de l'incarnation. Le troisième est, suivant l'expression d'un écrivain ecclésiastique, un traité de théologie morale. Dans ces trois livres, on voit que Cyprien a déjà étudié d'une manière approfondie les saintes Écritures. Il fit suivre ses *Témoignages* d'un traité sur la *Conduite des vierges*. Il est évident que, dans ce dernier ouvrage, l'auteur s'est encore inspiré de Tertullien.

Il y avait un an à peine que Cyprien était prêtre, lorsque mourut Donat, l'évêque de Carthage. Plusieurs se présentèrent alors pour occuper le siége vacant. Mais le clergé et le peuple appelèrent Cyprien, qui se tenait à l'écart, et tous, d'un commun accord, le proclamèrent évêque en l'an 248 (1).

(1) C'est la date adoptée par Morcelli. Il ne

NOUVELLE PERSÉCUTION; RETRAITE DE SAINT CYPRIEN; NOMBREUSES APOSTASIES; TROUBLES ET DIVISIONS DANS L'ÉGLISE DE CARTHAGE. — Cyprien était à peine monté sur son siége que l'empereur Decius promulgua un édit de persécution (249). Les païens, qui étaient encore nombreux à Carthage, se mirent à poursuivre les chrétiens avec un acharnement qui tenait de la fureur. C'était l'évêque surtout qui était l'objet de leur haine; ils proféraient hautement contre lui des menaces de mort; et quand ils étaient réunis dans l'amphithéâtre ils criaient : Cyprien aux lions! Il fallait se cacher ou périr. Cyprien crut sans doute que sa vie serait plus utile un jour à ses frères que l'exemple de son martyre, et il se déroba, par une prompte retraite, au fer des persécuteurs. On le frappa, quoique absent, par une sentence de proscription et par la confiscation de ses biens.

Depuis Septime Sévère, un funeste relâchement s'était opéré dans les mœurs des chrétiens. On le vit bien au jour de la persécution. Si Mappalicus, Paul, Fortunion, Bassus et quelques autres qui périrent soit au milieu des tortures, soit de la faim, dans les prisons de Carthage, s'illustrèrent par leur courage et leur dévouement, l'ancienne gloire de l'Église d'Afrique, comme on l'apprend de Cyprien lui-même, fut ternie par des apostasies sans nombre. L'évêque, de sa retraite, encourageait en vain ses frères à la constance; quelques-uns, comme Rogatien, suivaient ses conseils; mais les autres cédaient lâchement et sacrifiaient en foule aux idoles.

L'esprit de Cyprien n'était point seulement préoccupé de ces actes d'une déplorable apostasie; il voyait encore avec douleur que, dans ces moments de péril, un schisme menaçait son Église. Parmi les chrétiens qui avaient renié leur foi et leur Dieu, plusieurs se repentirent, et ils eurent hâte de rentrer en grâce auprès de l'Église. Pour arriver plus promptement à leurs fins, ils s'adressèrent, suivant un vieil usage, à ceux qui étaient restés fermes pendant la

croit pas qu'on puisse reporter en deçà de 248 ou au delà de 249 l'élection de saint Cyprien.

persécution, et qui avaient confessé sans crainte le nom du Christ au milieu des plus horribles tourments. Les évêques et les prêtres avaient égard aux recommandations des martyrs, et, en leur considération, ils se montraient volontiers indulgents et abrégeaient, pour les faibles et les lâches, le temps de la pénitence. En Afrique donc, et surtout à Carthage, les apostats s'adressèrent aux martyrs qui étaient en prison ou qui avaient échappé tout à fait au fer des bourreaux, et leur demandèrent des billets d'indulgence. Parmi ces martyrs, il y en eut qui n'en donnèrent qu'avec une extrême réserve; mais d'autres, trop fiers du courage qu'ils avaient montré et de leur victoire, s'imaginèrent que, par leurs seuls mérites, ils avaient le droit de réconcilier avec l'Église tous ceux qui étaient tombés. Un certain Lucien fut de ce nombre, et il distribua indistinctement des billets d'indulgence à tous ceux qui lui en demandèrent. Il en vint à ce point d'arrogance qu'il adressa à Cyprien, dans sa retraite, la lettre suivante : « Tous les confesseurs à l'évêque Cyprien, salut. Sachez que nous avons donné la paix à tous ceux qui se sont bien conduits depuis leur péché, et nous voulons que vous le fassiez savoir aux autres évêques. Nous souhaitons que vous ayez la paix avec les saints martyrs. En présence d'un exorciste et d'un lecteur : écrit par Lucien. » L'évêque ne tint compte d'une semblable réclamation. Il recommanda, par lettres, à son clergé, de ne point admettre les apostats à la communion avant le jour où il serait permis de discuter librement sur les affaires de l'Église. D'autre part, comme il sentait que depuis sa retraite l'autorité de sa parole pouvait être diminuée, il s'adressa à l'Église de Rome, qui s'était illustrée par sa fermeté dans la persécution. Celle-ci approuva et loua la conduite de Cyprien, blâma l'insistance des apostats, et condamna les abus qu'avait entraînés une trop large concession des billets d'indulgence. L'opinion de l'Église romaine donna une grande force aux remontrances de Cyprien.

Enfin, la persécution avait cessé, et déjà l'évêque se préparait à sortir de sa retraite pour célébrer les fêtes de Pâques dans son église (251), lorsqu'il apprit qu'un schisme violent venait d'éclater à Carthage.

SCHISME A CARTHAGE; LES ENNEMIS DE SAINT CYPRIEN; DEUX CONCILES; RAPPORTS DE L'ÉGLISE DE CARTHAGE AVEC L'ÉGLISE DE ROME; CELLE-CI CONDAMNE LES SCHISMATIQUES AFRICAINS; DEUX TRAITÉS DE SAINT CYPRIEN. — Il y avait alors dans la ville un homme puissant qui s'appelait Félicissime. Par ses richesses et surtout par ses intrigues il avait réussi à se faire un parti. Les apostats, qui réclamaient pour leur faute un prompt et entier pardon, l'avaient choisi pour chef, et ils l'excitèrent, sans doute, à lutter ouvertement contre Cyprien. L'évêque avait envoyé, de sa retraite, deux évêques et deux prêtres pour faire une enquête sur la conduite de tous ceux qui appartenaient à son Église. Félicissime ne voulut point qu'ils remplissent leur mission et les repoussa avec menace. A cette nouvelle, Cyprien prononça une sentence d'excommunication. Cette sentence atteignait Félicissime et un certain Augendus, qui lui avait prêté aide et appui. Parmi ceux qui provoquèrent le schisme on comptait aussi cinq prêtres, qui avaient ambitionné le siége épiscopal et qui avaient vu avec chagrin l'élection de Cyprien. Le plus célèbre de ces cinq prêtres est Novat.

C'était à Rome, surtout, que ce dernier devait se signaler. Il se rendit en Italie au moment où l'Église romaine se disposait à élire un nouvel évêque. Novat se lança, comme à Carthage, dans les intrigues. Il s'opposa, autant qu'il le put, à ceux qui voulaient porter leur choix sur Corneille, et il favorisa les prétentions de Novatien. Celui-ci, qui était admirateur de la philosophie des stoïciens, affichait des principes d'une extrême rigidité. En ce qui concernait les apostats, par exemple, il soutenait que l'Église ne pouvait accorder le pardon, quelque pénitence qu'ils fissent, à ceux qui étaient tombés dans la persécution. Il devint le chef d'une secte qui se répandit hors de l'Italie. Les membres de cette secte s'appelaient eux-mêmes, d'un mot grec, *cathares*, c'est-à-dire les purs, et ils portaient des vêtements blancs. Novatien voulait donc se faire élire évêque de Rome; mais ses espérances furent trompées. Corneille fut choisi par une forte majorité. Novatien, dans son dépit, n'hésita pas à exciter un schisme; il se fit, à son tour, nommer et sacrer par ses partisans. Il écrivit alors à toutes les Églises pour leur apprendre son élection; mais de toutes parts on reconnut Corneille, et l'évêque de Carthage ne fut pas le dernier à condamner Novatien.

Cyprien était rentré à Carthage. C'est là qu'en 251 se tint un concile où se rassemblèrent soixante-dix évêques. On y délibéra longtemps sur les affaires de l'Église, et on y traita surtout les questions qui se rattachaient au fait de l'apostasie et du schisme. Les schismatiques furent excommuniés, et quant aux apostats qui se repentaient sincèrement de leur chute, on décida qu'ils seraient admis à la communion après trois ans. Au reste, les évêques proportionnèrent à la gravité des délits les rigueurs de la pénitence. L'Église d'Afrique, pour donner plus de poids à ses décisions, envoya les règlements du concile à Corneille, évêque de Rome. Celui-ci les approuva dans une assemblée qui, sans compter les prêtres et les diacres, se composait de soixante évêques.

L'année suivante, 252, Cyprien convoqua un autre concile à Carthage. Cette fois, et à cause de l'approche d'une nouvelle persécution, les quarante-deux évêques qui s'étaient réunis, usèrent d'indulgence à l'égard des apostats et les admirent sans plus tarder à la communion. Mais ce concile fut l'occasion d'un nouveau schisme. Privat de Lambèse, qui, comme nous l'avons vu, avait été condamné par les évêques de la Numidie, se présenta pour siéger dans l'assemblée que présidait Cyprien. Il fut rejeté. Dans sa colère, il s'environna de quelques excommuniés, et choisit un certain Fortunat, qu'il consacra et proclama évêque de Carthage. Les schismatiques, pour assurer le succès de leur entreprise, écrivirent à Corneille une lettre remplie des plus odieuses calomnies. Ce fut Félicissime qui porta cette lettre à Rome. Mais Corneille, qui connaissait Cyprien, repoussa ses accusateurs.

La vie de l'évêque de Carthage, depuis la fin de la persécution, était singulièrement agitée et laborieuse. Il écrivait lettre sur lettre, soit à l'Église de Rome, soit à ceux qui en Afrique, comme Antonien de Numidie, lui demandaient des conseils. Puis, il avait à se défendre contre les schismatiques qui troublaient Carthage. Malgré ses occupations nombreuses et diverses, et le bruit des querelles qui retentissait à ses oreilles, il écrivit encore son *Traité des Laps* et celui de l'*Unité de l'Église*. C'est dans ce dernier qu'il disait : « Ceux qui doivent surtout tenir fermement à cette unité et la défendre, c'est nous évêques qui présidons dans l'Église, afin de prouver que l'épiscopat lui-même est un et indivis. Oui, l'épiscopat est un, et chaque évêque, sans toutefois pouvoir le diviser, en possède une portion. L'Église de même est une et se répand, par sa fécondité, en une multitude toujours croissante. C'est un soleil dont les rayons sont innombrables, mais qui n'a qu'un seul foyer. C'est un arbre couvert de rameaux, mais tous ces rameaux tiennent à un seul et même tronc. » Ces deux traités de Cyprien sont l'œuvre des circonstances. Dans l'un, il donne de salutaires conseils aux apostats; dans l'autre, il s'élève contre le schisme.

RELATIONS FRÉQUENTES DE CYPRIEN AVEC DIVERSES ÉGLISES; QUELQUES-UNS DE SES ÉCRITS; SA POLÉMIQUE CONTRE L'ÉGLISE ROMAINE ET LE PAPE SAINT ÉTIENNE. — En 252, la persécution recommença; toutefois, il ne paraît pas qu'elle ait étendu ses ravages en Afrique. Ce fut Rome surtout qu'elle frappa. Là, elle atteignit l'évêque Corneille, qui fut une de ses premières victimes. A cette occasion, Cyprien écrivit au clergé romain et au nouveau pape Lucius, pour les féliciter de la gloire que venait d'acquérir leur Église et pour les encourager à la constance.

Mais à défaut de la persécution, une peste terrible vint bientôt désoler et dépeupler l'Afrique. A Carthage le nombre des morts fut immense. Pendant la durée du fléau, les chrétiens, animés par leur évêque, montrèrent une charité et un dévouement sans bornes. Toutefois, parmi eux, il s'en rencontra qui se laissèrent gagner par la crainte. Afin de leur rendre courage, Cyprien écrivit un traité où il envisageait les peines terrestres suivant les croyances chrétiennes; il y montrait que ces peines ne sont que passagères et qu'elles doivent être supportées patiemment en vue de Dieu et de l'éternité. Ce fut le traité *de la Mortalité*. A la même époque, il adressa à Démétrien, magistrat impérial qui résidait à Carthage, une lettre sur un sujet qui fut longtemps débattu avec plus ou moins d'éloquence, entre les païens et les chrétiens, jusqu'au temps où vécurent Symmaque, saint Ambroise, Libanius, saint Augustin et Salvien. L'antagoniste de l'évêque de Carthage attribuait aux chrétiens tous les maux qui désolaient l'empire. C'est à cette accusation que répondit Cyprien, dans la lettre dont nous parlons.

Déjà la réputation de l'évêque de Carthage s'étendait au loin. On le consultait de toutes les parties de l'Afrique. Les Églises, parce qu'il jouissait d'un immense crédit, imploraient son assistance dans leurs besoins. Une fois, huit évêques de Numidie lui annoncèrent que les tribus du désert s'étaient jetées sur leurs terres, et avaient enlevé un grand nombre de chrétiens de l'un et de l'autre sexe. Ils demandaient un secours en argent pour racheter les captifs. Le saint, à cette nouvelle, versa des larmes. Il s'empressa de s'adresser à son Église qui, dans un élan de généreuse compassion, donna cent mille sesterces. Cyprien envoya cette somme aux évêques de Numidie avec une lettre où on lisait ces mots : « Si pour éprouver notre charité il arrivait encore un pareil malheur, ne craignez point de nous l'écrire; et bien que notre Église demande qu'il n'arrive plus rien de semblable, soyez assurés qu'au jour du besoin, elle vous donnera, s'il le faut, de prompts et abondants secours. Et afin que vous fassiez des prières à l'intention de nos frères et de nos sœurs qui ont contribué de bonne grâce à cette œuvre, j'ai mis ici les noms de chacun d'eux. » L'évêque de Carthage ne se contenta pas de donner; il voulut encore, par ses écrits, développer dans les âmes chrétiennes le sentiment de la charité, et il fit son livre *des Bonnes œuvres et de l'Aumône*.

Ce fut vers ce temps que Cyprien,

pour répondre à ceux qui l'interrogeaient de toutes parts, écrivit un grand nombre de lettres sur des sujets de discipline. Ce n'étaient point seulement, comme nous le voyons dans ses œuvres, les évêques de la Proconsulaire, de la Numidie et de la Mauritanie qui s'adressaient à lui, mais encore ceux de l'Espagne et de la Gaule. Quand il n'osait, en certains cas, s'en rapporter à son propre jugement, il appelait autour de lui les évêques des provinces voisines, et leur soumettait les questions qui l'avaient embarrassé.

Au reste, Cyprien, pendant son épiscopat, convoqua souvent des conciles. Les deux derniers furent remarquables par la lutte qu'il soutint contre l'Église de Rome. Certaines Églises d'Asie avaient pour coutume de rebaptiser les hérétiques qui abjuraient leurs erreurs. L'Église de Rome et Étienne, son évêque, condamnaient cette coutume; Cyprien l'approuvait. L'opinion de l'évêque de Carthage était celle d'Agrippinus, son plus ancien prédécesseur. Cyprien combattit donc Étienne. Il mit beaucoup d'ardeur dans la discussion, et quelquefois de l'amertume. Puis, pour donner plus de poids à ses paroles et à ses écrits, il fit approuver son opinion par deux conciles. Dans le premier, il réunit, à Carthage, soixante et onze évêques; dans le second, quatre-vingt-cinq, qui étaient venus de la Proconsulaire, de la Numidie et de la Mauritanie. Ce dernier concile s'ouvrit au mois de septembre de l'année 256. Ce fut au temps de cette vive polémique que Cyprien écrivit deux traités, l'un sur l'*Utilité de la patience*, l'autre sur l'*Envie et la Jalousie*. Nous devons dire, en finissant, que l'Église condamne saint Cyprien et approuve l'opinion du pape saint Étienne (1).

PERSÉCUTION ORDONNÉE PAR L'EMPEREUR VALÉRIEN; MARTYRE DE SAINT CYPRIEN. — Dans les premiers temps de son règne, l'empereur Valérien s'était montré favorable aux chrétiens. En 257, il changea brusquement et il ordonna de les poursuivre. La persécution s'étendit bientôt dans tout l'empire. Ce fut alors que Cyprien, sous forme d'une lettre qu'il adressait à un certain Fortunat, composa pour les fidèles une exhortation au martyre. Il devait bientôt lui-même encourager par son exemple, ceux qu'il avait tant de fois animés par ses écrits. Au mois d'août 257, il fut traduit devant Paternus, proconsul d'Afrique. Il répondit avec fermeté aux questions qui lui furent adressées: il déclara qu'il était chrétien et évêque, et refusa, avec une généreuse indignation, de dénoncer les prêtres de son Église. Paternus se contenta de l'exiler. Il ne resta point oisif dans son exil. De là, il écrivait à Carthage, aux martyrs des diverses Églises de l'Afrique, et notamment, à neuf évêques qui avaient été condamnés avec un grand nombre de chrétiens à travailler aux mines de cuivre de la Numidie et de la Mauritanie.

En 258, il obtint de l'empereur l'autorisation de revenir à Carthage. Mais il ne devait pas y demeurer longtemps en paix. La persécution n'avait point cessé. On conseillait à l'évêque, dans l'intérêt de l'Église, de fuir et de se cacher. Il résista aux pressantes sollicitations de ses amis. Enfin, il fut arrêté par ordre de Galérius Maxime, qui avait succédé à Paternus. Quand on sut dans la ville que Cyprien devait paraître devant le proconsul, il y eut une immense émotion. La foule se précipita autour de la maison où l'on gardait l'évêque, et sur tous les visages on voyait l'empreinte de la tristesse. Cyprien avait compris que le temps du martyre était proche. Cependant quand il comparut devant le proconsul, il ne perdit rien de sa fermeté. Voici l'interrogatoire tel qu'il nous a été conservé dans un ancien document (1):
« Le proconsul Galérius Maxime dit à l'évêque Cyprien: N'es-tu pas Thascius Cyprien? L'évêque Cyprien répondit:

(1) Schelstrate (*Ecclesia africana; dissert.* III, c. 2, p. 120, Paris, 1680) blâme S. Cyprien et passe rapidement sur ses démêlés avec S. Étienne. Leydecker, au contraire (*Historia ecclesiæ africanæ illustrata*; Utrecht, 1690 — *dissert. de statu eccl. afr. sect.* 9 et 11: *hist. afric. et donatistica*, p. 128), approuve l'évêque de Carthage et revient plus d'une fois avec étendue sur cette célèbre controverse. On le conçoit aisément: Schelstrate était bibliothécaire du Vatican, et Leydecker protestant exalté.

(1) Voy. *Acta proconsularia S. Cypriani episcopi et martyris*; ap. Ruinart, p. 217 et 218.

Oui, c'est moi. Le proconsul Galérius Maxime dit : N'es-tu pas le pape d'une secte sacrilége? L'évêque Cyprien répondit : Oui. Le proconsul Galérius Maxime dit : Les très-sacrés empereurs t'ordonnent de sacrifier. L'évêque Cyprien répondit : Je ne le ferai point. Galérius Maxime dit : Réfléchis. L'évêque Cyprien répondit : Fais ce qui t'est commandé. En une chose évidemment juste la réflexion est inutile. — Galérius Maxime (ici, nous reproduisons encore le document dont nous parlons,) après avoir pris l'avis de ses assesseurs, s'adressa à Cyprien, en ces termes : « Tu as vécu longtemps avec un esprit sacrilége; tu as rassemblé un grand nombre d'hommes pour les associer à ton abominable conspiration; tu t'es déclaré l'ennemi des dieux romains et de la sainteté des lois; les pieux et très-sacrés princes Valérien et Gallien, augustes, et Valérien, le très-noble césar, n'ont pu te ramener au culte de l'empire: c'est pourquoi, toi, l'auteur des crimes les plus odieux, tu serviras d'exemple à ceux que tu as choisis pour tes complices et tu sanctionneras la loi par ton sang. » Après cette allocution le proconsul lut sur une tablette un arrêt ainsi conçu : « Je condamne au glaive Thascius Cyprien.» A quoi l'évêque Cyprien répondit : « Grâces soient rendues à Dieu. » Dès que les chrétiens eurent entendu la sentence, ils se dirent les uns aux autres : Allons et qu'on nous fasse mourir avec lui. Il s'éleva donc parmi eux une espèce de tumulte et ils se précipitèrent en foule, en suivant l'évêque, vers le lieu de l'exécution. Cyprien en arrivant se dépouilla de son manteau, se mit à genoux et pria. Puis, il ôta encore sa dalmatique, qu'il donna aux diacres, ne conservant sur lui qu'une tunique de lin. Quand le bourreau arriva, l'évêque ordonna aux siens de lui compter vingt-cinq pièces d'or. Cependant les frères jetaient des linges autour du martyr afin de recueillir son sang. Deux d'entre eux, sur ses ordres, Julien prêtre et Julien sous-diacre, lui attachèrent les mains. Ce fut alors que le bienheureux Cyprien eut la tête tranchée. Les chrétiens s'emparèrent de son corps, qu'ils transportèrent en grande pompe, avec des torches et des cierges, dans une propriété du procurateur Macrobe Candide, située dans la rue des Mappales, non loin des Piscines. Peu de jours après mourut le proconsul Galérius Maxime. »

Telle fut la fin du plus illustre évêque de Carthage. Quand il souffrit le martyre (14 septembre 258), il y avait dix ans que, par le choix de ses frères, il avait été appelé aux fonctions épiscopales. Ce fut dans le court intervalle qui sépare son exaltation de sa mort que Cyprien, génie *facile, abondant, agréable*, comme dit Tillemont, mais non sans vigueur, composa, à l'exception de trois, dans un style qui rappelle trop souvent peut-être les exercices de l'école, les nombreux écrits que nous avons signalés (1).

SUITE DES PERSÉCUTIONS EN AFRIQUE; NOMBREUX MARTYRS; NOMS DES ÉVÊQUES DE CARTHAGE QUI SUCCÈDENT A CYPRIEN. — La persécution qui avait frappé saint Cyprien fit, en Afrique, de grands ravages. L'évêque d'Hippone, Théogène, fut mis à mort. A Utique, on jeta dans un four à chaux cent cinquante, d'autres disent trois cents chrétiens. Les fidèles rassemblèrent avec respect les ossements consumés, et comme ils adhéraient les uns aux autres, ils appelèrent ces reliques, à cause de la couleur, la *masse blanche*. A Carthage, les martyrs Lucius, Montanus, Flavien, Julien, Victoricus, Primolus, Renus et Donatien, suivirent de près saint Cyprien. En Numidie, à Cirta et à Lambèse, le glaive des persécuteurs immola de nombreuses victimes, parmi lesquelles il faut compter Émilien, Agapius, Secundinus, Marien, Jacques, Antonia et Tertulla. La persécution ne cessa qu'au moment où l'empereur Valérien tomba aux mains des Perses. Mais elle devait encore se rallumer deux fois avant le sanglant édit de Nicomédie; d'abord sous Auré-

(1) Voy. sur saint Cyprien, indépendamment de ses œuvres : Tillemont : *Mémoires pour servir à l'histoire ecclésiastique des six premiers siècles;* t. IV, p. 45 et suiv. (Paris, 1704.) — Fleury; *Histoire ecclésiastique;* t. II, p. 152 — 314. — L'abbé Rohrbacher; *Hist. univers. de l'Église catholique;* t. V, p. 389 — 486. — Aug. Neander; *allgemeine Geschichte der christlichen Religion und Kirche* (Hambourg, 1842); t. I, p. 380 et suiv.

lien, ensuite sous Dioclétien, en 296. Ce fut vers ces temps que la secte des manichéens se répandit en Afrique.

Cyprien eut pour successeurs, sur le siége épiscopal de Carthage, Carpophore (1), Lucien et Mensurius.

ÉDIT DE NICOMÉDIE; SES SUITES; SANGLANTE PERSÉCUTION. — Au commencement du quatrième siècle, le christianisme avait envahi tout l'empire. Les partisans du polythéisme firent alors les derniers efforts pour anéantir cette vaste communauté chrétienne qui contenait dans son sein toutes les classes de la vieille société et qui les resserrait eux-mêmes dans un cercle qui chaque jour devenait plus étroit. Ils avaient reconnu l'impuissance des édits impériaux promulgués à diverses époques contre les chrétiens; ils voyaient approcher le temps où ces édits cesseraient d'être applicables; ils se hâtèrent donc de s'armer en quelque sorte de la légalité qui leur échappait et qui allait passer en d'autres mains. Ils organisèrent, dans leurs conseils, le plan d'une vaste extermination. Galérius, esprit violent et résolu, se fit l'instrument docile des philosophes, derniers sectateurs du polythéisme. Il mit à leur disposition ce qu'il possédait déjà d'autorité et son immense crédit auprès de Dioclétien. Celui-ci, politique habile, qui avait régénéré l'empire par une savante et sage administration, vit d'abord tout le danger d'une persécution, et il opposa les raisons qu'il trouvait dans sa vieille expérience à la fougue de Galérius. Il montra au *César* que poursuivre les chrétiens par le fer et la flamme, c'était porter, par une tentative vaine, au sein des populations entièrement envahies par le christianisme, la plus grave perturbation, et anéantir d'un coup le bon ordre que pendant vingt années il avait maintenu avec tant de peine dans le monde romain. Dioclétien, tolérant moins par nature peut-être que par habileté, résista longtemps à Galérius. Il discuta avec lui pendant tout un hiver; mais enfin, soit que l'âge eût affaibli son esprit jusqu'alors si ferme, soit qu'il voulût donner un contentement à l'ambition de son *César* qui laissait percer son dépit de n'occuper qu'un rang secondaire dans la *tétrarchie*, il céda, et de son palais de Nicomédie (303) il promulgua l'édit de persécution (1).

En vertu de cet édit, les églises devaient être détruites et les livres de la religion proscrite consumés par les flammes. Les chrétiens étaient mis hors la loi; les juges impériaux pouvaient, suivant des cas déterminés, les exproprier, les priver de la liberté, les tuer. Le *zèle excessif*, comme dit Fleury, de certains chrétiens vint encore aggraver les maux de l'Église. Les persécuteurs s'organisèrent et ils se mirent à l'œuvre avec une violence sans égale dans les provinces administrées par Dioclétien, Galérius et par Maximien, l'*auguste* d'Occident. Il n'y eut que le césar Constance Chlore, qui, dans l'Espagne, la Gaule et la Bretagne, pays dont le gouvernement et la défense lui avaient été confiés, tempéra, par sa tolérance et sa noble modération, les rigueurs de l'ordonnance de Nicomédie.

LA PERSÉCUTION EN AFRIQUE; NOMBREUX MARTYRS. — Quand l'édit de persécution fut apporté en Afrique et notifié aux magistrats impériaux, les hommes avides de faveurs et les partisans du polythéisme se montrèrent impitoyables pour les chrétiens. A Cirta, l'une des villes les plus considérables de la Numidie, ce fut

---

(1) Fleury (*Hist. ecclés.* t. II, p. 314), l'abbé Rohrbacher (t. V, p. 485) et les autres écrivains ecclésiastiques ne font pas mention de Carpophore. Suivant eux, ce fut Lucien qui succéda immédiatement à saint Cyprien. C'est Morcelli, dans son *Africa christiana*, qui nous a fourni le nom de Carpophore; les raisons sur lesquelles il s'appuie pour ajouter ce nom à la liste connue des évêques de Carthage nous ont paru décisives. Il dit : *Nomen hujus servavit nobis Optati codex sangermanensis. In eo enim, ubi Optatus agit de schismate Majorini adversus Cæcilianum legitimum episcopum, plena erat, inquit, cathedra episcopalis, erat altare loco suo, in quo pacifici episcopi retro temporis obtulerant, Cyprianus, Carpophorus, Lucianus et ceteri (de Schism. Don. I, 19). Congruum quoque est, binos saltem episcopos inter Cyprianum et Mensurium fuisse: nam inter utrumque fluxere anni plus minus quadraginta.* Voy. t. 1, p. 52.

(1) Tillemont; *Mémoires pour servir à l'hist. ecclés. des six premiers siècles*; t. V, p. 20 et suiv. — Fleury; *Hist. ecclésiast.*; t. II, p. 415 et suiv. — Dumont; *Histoire romaine*; t. III, p. 497 et suiv.; in-12.

un prêtre de la vieille religion, Munatius Félix, flamine perpétuel, qui se chargea de mettre à exécution l'ordonnance des empereurs. Il fit démolir les églises et procéda avec un zèle infatigable à la recherche des livres sacrés. Il s'empara non-seulement des vases, chandeliers, lampes et de tous les ornements qui servaient au culte proscrit, mais encore de certains objets que la charité des chrétiens destinait au soulagement des pauvres. Ce fut ainsi que sur l'inventaire de la saisie, on inscrivit quatre-vingt-deux tuniques de femmes, trente-huit voiles, seize tuniques d'hommes et soixante paires de chausses. L'Église de Cirta se montra faible en ces jours de persécution ; ses prêtres et ses lecteurs se soumirent sans opposition aux ordres du flamine Felix et lui livrèrent les ornements du culte et tous leurs livres.

L'évêque de Tibiure (1), Félix, n'imita point la conduite des prêtres de Cirta. Quand le magistrat de la ville, Magnilien, lui dit : Évêque Félix, donnez-nous les livres et les parchemins de votre Église, il répondit : Je les ai, mais je ne les donnerai pas. Pour ébranler sa résolution et l'effrayer, on le conduisit, chargé de chaînes, au tribunal du proconsul. Là, il ne se démentit point et resta inébranlable. Le proconsul envoya Félix au préfet du prétoire et le fit passer en Italie. L'évêque devait comparaître devant les empereurs. Mais la ville de Venusia, en Apulie, fut le terme de son voyage. Il y fut décapité. Jusqu'au dernier moment il répondit aux juges et aux bourreaux qui lui demandaient les livres de son Église : « Je les ai, mais je ne les donnerai pas. »

L'évêque d'Abitine (2), Fundanus, pour se soustraire au dernier supplice, se hâta, sur les injonctions des magistrats, de livrer les Écritures. Cet acte de faiblesse attrista sans doute les chrétiens de la ville, mais il ne les découragea pas. Quand ils eurent perdu leurs églises, ils se rassemblèrent dans des maisons particulières pour célébrer les saints mystères. Les magistrats les y surprirent une fois et les firent arrêter par leurs soldats. On les conduisit à Carthage au nombre de quarante-neuf.

Le danger qui les menaçait ne les effraya point et, saisis d'enthousiasme, ils ne cessèrent pendant toute la durée du voyage, de répéter des hymnes et des cantiques. A Carthage, ils ne se laissèrent gagner ni par les menaces, ni par les promesses du proconsul. Ils confessèrent hardiment le nom du Christ et, sans crainte des châtiments infligés à ceux qui violaient les édits impériaux, ils avouèrent sans hésiter qu'ils s'étaient réunis librement pour célébrer les saints mystères. Ils furent condamnés à souffrir et à périr. Parmi ces chrétiens que l'Église d'Afrique a mis au nombre de ses plus illustres martyrs, on comptait le prêtre Saturnin et ses fils, Dativus, Thelica, Emeritus, Félix, et la vierge Victoria.

L'ÉVÊQUE DE CARTHAGE MENSURIUS ; SA MORT. — A Carthage, s'il faut en croire les documents contemporains, la persécution ne sévit point avec autant de violence que dans les autres villes de l'Afrique. Soit par crainte d'une sédition dans cette populeuse cité, soit que ces ménagements lui fussent imposés par la conduite pleine de mesure et de sagesse de l'évêque Mensurius, le proconsul atténua la rigueur des édits impériaux. Mensurius avait caché les livres de son Église ; on pressait le proconsul d'ordonner à ses officiers de faire une perquisition dans la maison de l'évêque ; il s'y refusa. Mensurius, de son côté, était un homme plein de modération ; il usa de l'autorité morale que lui donnait sa haute position dans l'Église d'Afrique pour conseiller, par lettres, aux évêques ses frères, aux prêtres, à tous les chrétiens, de ne point irriter par un zèle inconsidéré les magistrats des villes et des provinces. Il blâmait, avec raison, ceux qui n'étant point recherchés venaient d'eux-mêmes s'offrir aux juges et aux bourreaux. Mensurius cependant n'était pas un homme timide, et il se dévouait volontiers pour ses frères. C'est ainsi qu'il sauva Félix, un des diacres de son Église. Celui-ci

---

(1) *Tibiure*, en latin *Tibiura, civitas Tibiurensium, Tibursicensium Burensium*, était une petite ville de la Proconsulaire.

(2) C'était encore une ville de la Proconsulaire.

était poursuivi pour avoir écrit un libelle contre l'empereur. L'évêque, au péril de ses jours, l'accueillit dans sa maison, et le cacha. Puis, quand on vint auprès de lui réclamer le coupable, il refusa de découvrir le lieu où il était caché. Mensurius, à cause de la gravité du cas, et pour sa résistance obstinée, fut mandé à la cour impériale. Il s'y rendit après avoir réglé les affaires de son Église; là, il plaida si bien sa cause qu'il fut absous et renvoyé. Mais ce sage et courageux évêque ne devait point revoir Carthage; il mourut avant d'y arriver.

ARNOBE. — Ce fut au temps de la persécution qu'un auteur célèbre, Arnobe, qui avait enseigné la rhétorique dans la ville de Sicca, écrivit un ouvrage pour défendre les chrétiens. C'était, dans ces jours de péril, un acte de courage. Arnobe avait été païen, et l'on voit que, dans son ouvrage, il a voulu prouver à ses nouveaux frères que sa conversion avait été sincère. Il se fit dans ses idées une vive réaction. Après avoir longtemps expliqué et commenté avec amour les chefs-d'œuvre littéraires de la vieille civilisation, il se laissa emporter par son ardeur de néophyte; il demanda la destruction des théâtres, et voua aux flammes les œuvres des poëtes jadis l'objet de son admiration (1).

LES TRADITEURS. — Les spoliations injustes, les tortures, les supplices ne furent point les plus grands des maux qu'entraîna à sa suite, pour l'Église d'Afrique, l'édit de Nicomédie. Parmi les chrétiens persécutés, il y en avait plusieurs qui, comme nous l'avons dit, s'étaient signalés par leur héroïsme. Mais d'autres s'étaient laissé entraîner, par surprise peut-être, à des actes d'une déplorable faiblesse. On avait vu des évêques et des prêtres se soumettre sans résistance à la loi de César, et livrer à ses exécuteurs les biens de leurs Églises et leurs livres sacrés. Quand la persécution se ralentit, ceux qui s'étaient montrés forts dans le danger s'exaltèrent et poursuivirent de leur mépris et de leur haine les hommes qui par crainte s'étaient dessaisis, dans les mains des bourreaux, du dépôt sacré qui leur avait été confié. Ils leur appliquèrent, comme une note d'infamie, le nom de *traditeurs*. Cette qualification injurieuse, employée par des hommes violents et passionnés, ne devait pas tarder à soulever dans les Églises chrétiennes de nombreux orages. Elle servit, pour ainsi dire, de mot de ralliement à ceux qui opérèrent, au moment même où cessait la persécution, un schisme qui devait être pour l'Afrique la cause et l'origine des plus grandes calamités.

CÉCILIEN SUCCÈDE A MENSURIUS; DONAT DES CASES-NOIRES; TROUBLES DANS L'ÉGLISE DE CARTHAGE; ORIGINE DU SCHISME DES DONATISTES. — Après la mort de Mensurius (311), les chrétiens de Carthage procédèrent à l'élection d'un nouvel évêque. Ils se réunirent, prêtres et peuple, et tous, d'un commun accord, ils proclamèrent le diacre Cécilien. Ce fut Félix, évêque d'Aptonge, qui lui imposa les mains. Mais bientôt une vive opposition se manifesta contre cette élection. Mensurius, avant son départ, avait remis, par prudence, aux anciens de Carthage, les vases d'or et d'argent de son Église. Cécilien, à peine assis sur le siége épiscopal, s'adressa aux dépositaires choisis par son prédécesseur et réclama les richesses qui leur avaient été confiées. Ils s'irritèrent de cette demande et se refusèrent à une restitution. Ils se joignirent, dans leur dépit, à Botrus et à Celeusius, qui se plaignaient vivement de ne l'avoir point emporté sur Cécilien. Puis, se liguant encore avec Lucilla, femme riche et puissante, ennemie de l'évêque qui, simple diacre, l'avait jadis offensée par de justes et sévères remontrances, ils formèrent un parti qui s'enhardit enfin jusqu'à protester hautement contre la récente élection. L'âme et le chef de ce parti était Donat des Cases-Noires.

Pour arriver à leurs fins, ils s'adressèrent aux évêques de la Numidie, qui, vivement blessés de n'avoir point été appelés à l'ordination de Cécilien, se rendirent en toute hâte à Carthiga pour prêter aide et appui aux ennemes du nouvel élu. A leur tête se trouvait Secundus de Tigisi, le premier évêque de la Numidie. Ils étaient au nombre

---

(1) Voy. sur Arnobe, l'*Histoire universelle de l'Église catholique*, par l'abbé Rohrbacher, t. VI, p. 55 et suiv.

de soixante-dix. Parmi eux on voyait les douze évêques qui, réunis à Cirta, en 305, s'étaient avoués *traditeurs*, à la suite de vives et mutuelles récriminations. Les ennemis de Cécilien n'osèrent point, à cause des manifestations du peuple, se rendre dans la basilique qu'avait illustrée Cyprien et où se trouvait la chaire épiscopale. Ils se réunirent probablement dans une autre basilique et s'organisèrent en concile. Ils citèrent d'abord Cécilien à comparaître devant eux. Mais il fit bonne contenance et répondit : J'attends mon accusateur. Ce n'est point par les fautes de Cécilien, dirent ensuite les évêques rassemblés, que l'élection est nulle, mais par celles des évêques qui l'ont sacré. Félix d'Aptonge est un traditeur. — Que ceux-là donc, repartit Cécilien, qui n'ont rien à se reprocher, viennent de nouveau m'imposer les mains. Cette fermeté irrita les évêques, et l'un d'eux, Marcien, proposa de recourir à l'excommunication. Un autre, Purpurius, de Limate, s'écria dans sa fureur homicide : « Qu'il vienne recevoir l'imposition des mains, et on lui cassera la tête pour pénitence. » C'était le même évêque qui, dans la réunion de Cirta, avait répondu à ceux qui l'accusaient d'avoir fait périr ses neveux : « J'ai tué et je tue ceux qui sont contre moi. »

Enfin les évêques prononcèrent une sentence de condamnation en se fondant sur les trois chefs suivants : Cécilien n'avait point voulu se rendre dans leur réunion; il avait été sacré par des traditeurs; enfin (ce qui ne fut jamais prouvé), il avait empêché les fidèles, au temps de la persécution, de porter secours aux martyrs qui avaient été jetés dans les prisons. Ayant donc déclaré que le siége épiscopal de Carthage était vacant, les membres du concile procédèrent à une nouvelle élection. Il choisirent pour évêque Majorin, attaché à la maison de Lucilla, et qui n'avait jamais rempli dans l'Église que les fonctions de lecteur. Pour favoriser cette élection, Lucilla distribua de grosses sommes d'argent, qui ne furent point données aux pauvres, comme on le prétendit alors, mais à tous les ennemis de Cécilien. A partir de cet instant, il y eut donc deux Églises à Carthage. « Telle fut, disent les historiens ecclésiastiques, l'origine du schisme des *Donatistes*; car on leur donna ce nom, à cause de Donat des Cases-Noires, et d'un autre Donat, plus fameux, qui succéda à Majorin dans le titre d'évêque de Carthage. » Cette dissidence devait bientôt avoir, non point seulement dans la capitale de l'Afrique, mais encore dans toutes les provinces, de graves résultats. Elle engendra des désordres sans nombre, qui ne tardèrent point à attirer l'attention de l'empereur.

REQUÊTE DES DONATISTES A L'EMPEREUR; CONCILE DE ROME. — « Constantin, dit Fleury, avait donné ordre à Anulin, proconsul d'Afrique, et à Patrice, vicaire du préfet du prétoire, de s'informer de ceux qui troublaient la paix de l'Église catholique, et qui s'efforçaient de corrompre le peuple par leurs erreurs : c'étaient les donatistes; et écrivant à Cécilien, évêque de Carthage, il lui marquait de s'adresser aux magistrats impériaux pour avoir justice de ces insensés. En exécution de cet ordre, Anulin exhorta les dissidents à la paix : mais peu de jours après, quelques-uns du parti contraire à Cécilien, ayant assemblé du peuple avec eux, vinrent présenter au proconsul un paquet cacheté et un mémoire ouvert, le priant instamment de les envoyer à la cour. Le paquet portait pour titre : Mémoire de l'Église catholique touchant les crimes de Cécilien, présenté par le parti de Majorin. Le mémoire ouvert et attaché à ce paquet contenait ces mots :
« Nous vous prions, Constantin, très-
« puissant empereur, vous qui êtes
« d'une race juste, dont le père a été le
« seul entre les empereurs qui n'ait
« point exercé la persécution, que,
« puisque la Gaule est exempte de ce
« crime, vous nous fassiez donner des
« juges de Gaule, pour les différends
« que nous avons en Afrique avec les
« autres évêques. Donné par Lucien,
« Digne, Nassutius, Capiton, Fiden-
« tius et les autres évêques du parti Ma-
« jorin. » L'empereur ayant reçu ces mémoires avec la relation d'Anulin, lui écrivit d'envoyer Cécilien et ses adversaires, chacun avec dix clercs de son parti, pour se trouver à Rome dans le

second jour d'octobre, et y être jugés par des évêques. Anulin exécuta cet ordre, et en rendit compte à l'empereur, qui écrivit aussi au pape Miltiade et aux évêques de Gaule et d'Italie, pour s'assembler à Rome le même jour, et leur envoya tous les mémoires et les papiers qu'Anulin lui avait envoyés sur ce sujet. La lettre au pape est aussi adressée à Marc, que l'on croit être celui qui fut pape après saint Silvestre. L'empereur y dit : J'ai jugé à propos que Cécilien aille à Rome avec dix évêques de ceux qui l'accusent, et dix autres qu'il croira nécessaires pour sa cause; afin qu'en présence de vous, de Réticius, de Materne et de Marin, vos collègues, à qui j'ai donné ordre de se rendre en diligence à Rome pour ce sujet, il puisse être entendu comme vous savez qu'il convient à la très-sainte loi. Réticius et les deux autres étaient les évêques de Gaule.

« Cécilien avec les dix évêques catholiques, et les dix de l'autre parti, qui avaient à leur tête Donat des Cases-Noires, se trouvèrent à Rome au jour nommé; et le concile s'assembla dans le palais de l'impératrice Fausta, nommé la maison de Latran, ce même jour, second d'octobre 313, qui était un vendredi. Le pape Miltiade présidait; ensuite étaient assis les trois évêques gaulois : Réticius d'Autun, Materne de Cologne, Marin d'Arles; puis quinze évêques Italiens : Mérocles de Milan, Stemnius de Rimini, Félix de Florence, Gaudence de Pise, Proterius de Capoue, Théophile de Bénévent, Savin de Terracine, Second de Preneste, Maxime d'Ostie, et quelques autres, faisant en tout dix-neuf évêques, le pape compris. L'ordre de cette séance est remarquable, particulièrement en ce que les trois évêques gaulois y tiennent le premier rang, et que, entre les Italiens, les évêques d'Ostie et de Preneste, quoique suffragants du pape, n'ont point de rang particulier. On travailla trois jours durant avec des notaires qui rédigeaient en même temps les actes, c'est-à-dire le procès-verbal. Le premier jour, les juges informèrent qui étaient les accusateurs et les témoins contre Cécilien. Les évêques du parti de Majorin présentèrent un mémoire d'accusations donné contre lui par ceux de son parti; sous ce prétexte, ils prétendaient que tout le peuple de Carthage l'avait accusé. Mais les juges n'eurent point d'égard à ce mémoire, parce qu'il ne contenait que des cris confus d'une multitude, sans accusateur certain. Ils demandaient des témoins et des personnes qui voulussent soutenir l'accusation en leurs noms; mais ceux que Donat et les autres évêques du parti de Majorin produisirent comme accusateurs et comme témoins, déclarèrent qu'ils n'avaient rien à dire contre Cécilien.

« Ensuite Cécilien accusa Donat d'avoir commencé le schisme à Carthage du vivant de Mensurius, d'avoir rebaptisé, d'avoir imposé de nouveau les mains à des évêques tombés dans la persécution. Enfin, dit-il, Donat et ses collègues ont soustrait les accusateurs et les témoins, qu'eux-mêmes avaient amenés d'Afrique contre moi, tant leur calomnie était évidente. Donat confessa qu'il avait rebaptisé et imposé les mains aux évêques tombés, et promit de représenter les personnes nécessaires à cette cause, qu'on l'accusait d'avoir soustraites. Mais après l'avoir promis deux fois, il se retira, et n'osa plus lui-même se présenter au concile, craignant que les crimes qu'il avait confessés ne le fissent condamner présent, lui qui était venu de si loin pour faire condamner Cécilien. Le second jour, quelques-uns donnèrent un libelle de dénonciation contre Cécilien. On examina les personnes qui l'avaient donné, et les chefs d'accusation qu'il contenait; mais il ne se trouva rien de prouvé. Le troisième jour, on examina le concile tenu à Carthage par soixante-dix évêques qui avaient condamné Cécilien et ses ordinateurs. C'était le grand fort de ses adversaires : ils faisaient sonner bien haut ce grand nombre d'évêques; et qu'étant tous du pays, ils avaient jugé avec grande connaissance de cause. Mais Miltiade et les autres évêques du concile de Rome n'eurent aucun égard au concile de Carthage, parce que Cécilien y avait été condamné absent et sans être entendu. Or, il rendait de bonnes raisons pour ne s'y être pas présenté. Il savait que ces évêques avaient été appelés à Carthage par ses adversaires, qu'ils logeaient chez eux, et concertaient tout avec eux. Il savait les menaces de Purpurius, évêque de Limate, dont la violence était connue. Les évêques du concile de Rome jugèrent donc que tout ce qui avait été traité en ce concile de Carthage était encore en son entier : savoir, si Félix d'Aptonge était traiteur, ou quelque autre de ceux qui avaient ordonné Cécilien. Mais ils trouvèrent cette question difficile et inutile. Elle était difficile, parce qu'il y avait des témoins à interroger, des actes à examiner, et que Cécilien accusait ses accusateurs du même crime, d'avoir livré les saintes Écritures, à cause du concile de Cirta où ils l'avaient confessé. D'ailleurs, il était inutile d'examiner si Félix était traiteur, puisque, quand il l'eût été, il ne s'ensuivait pas que l'ordination de Cécilien fût nulle : car la maxime était constante, qu'un évêque, tant qu'il était en place sans être condamné ni déposé par un jugement ecclésiastique, pouvait légitimement faire des ordinations et toutes les autres fonctions épiscopales. Les évêques du concile de Rome crurent donc ne devoir point toucher à cette question, de peur d'exciter de nouveaux troubles dans l'Église d'Afrique, au lieu de la pacifier. Ils déclarèrent Cécilien innocent et approuvèrent son ordination; mais ils ne séparèrent pas de leur communion les évêques qui avaient condamné Cécilien, ni ceux qui avaient été envoyés pour l'accuser. Donat des Cases-Noires fut le seul qu'ils condamnèrent, comme auteur de tout le mal, convaincu de grands crimes, par sa propre confession. On laissa le choix aux autres de demeurer dans leurs sièges, quoique ordonnés par Majorin hors de l'Église, à la charge de renoncer au schisme. En sorte que dans tous les lieux où il se trouverait deux évêques, l'un ordonné par Cécilien, l'autre par Majorin, on conserverait celui qui serait ordonné le premier, et on pourvoirait l'autre d'une autre Église. Voilà le jugement du concile de Rome, où l'on voit une discrétion singulière et un exemple remarquable de dispense contre la rigueur des règles pour le bien de la paix. En ce concile, chaque évêque dit son avis, selon la coutume, et le pape Miltiade conclut l'action, disant le sien en ces termes : Puisqu'il est constant que Cécilien n'a point été accusé par ceux qui étaient venus avec Donat, comme ils l'avaient promis, et qu'il n'a été convaincu par Donat sur aucun chef, je suis d'avis qu'il soit conservé en tous ses droits, dans la communion ecclésiastique. Nous n'avons pas le reste de la sentence sur les autres chefs. Le pape et les autres évêques rendirent compte à l'empereur Constantin de ce jugement, lui envoyant les actes du concile, et lui mandèrent que les accusateurs de Cécilien étaient aussitôt retournés en Afrique. Le pape Miltiade ou Melchiade mourut trois mois après le dixième de janvier, l'an 314 (1). »

RETOUR DE DONAT ET DE CÉCILIEN EN AFRIQUE; SUITE DES TROUBLES: LES DONATISTES DEMANDENT LA RÉVISION DU JUGEMENT QUI LES A CONDAMNÉS A ROME; DÉCISION DE CONSTANTIN; CONCILE D'ARLES. — Après sa condamnation, Donat des Cases-Noires demanda l'autorisation de retourner en Afrique; il s'engageait à ne point rentrer dans Carthage. D'autre part, en vue de la paix, Cécilien reçut ordre de ne point quitter l'Italie et de séjourner à Brescia. Deux évêques furent envoyés alors comme commissaires à Carthage, pour notifier au clergé et au peuple la sentence que le concile de Rome avait promulguée. Ils étaient chargés en outre de faire une enquête et de transmettre à l'empereur le résultat de leurs observations. Optat, évêque catholique, qui écrivit plus tard l'histoire du schisme des donatistes, assure qu'après un long et mûr examen les commissaires Eunomius et Olympius donnèrent encore une fois gain de cause à Cécilien. Ce fut sur ces entrefaites que Donat, malgré ses promesses, revint à Carthage; Cécilien, de son côté, se hâta de quitter Brescia, où on l'avait

(1) Fleury; *Hist. ecclésiast.* liv. X, t. III, p. 26. — Tillemont; *mémoires pour servir à l'hist. ecclés.*, etc., t. VI, p. 31 et suiv. — Bérault-Bercastel; *Hist. de l'Église*; t. II, p. 13 et suiv. — Voy. aussi M. de Potter; *Hist. du christianisme*, etc., époq. I, liv. VI, ch 3; t. II, p. 130 et suiv. — Morcelli (*Africa christiana*); ad an. 313; t. II, p. 209.

relégué et de reprendre possession de son siége épiscopal.

L'assemblée des évêques réunis à Rome n'avait rien terminé, et, à l'arrivée, en Afrique, des deux chefs de parti, les querelles recommencèrent. Les donatistes disaient qu'on les avait condamnés à Rome, sans avoir pris connaissance de tous les faits qu'ils avaient allégués, et avec une extrême précipitation. Ils rappelaient, pour exemple, que Félix, l'évêque d'Aptonge, traditeur suivant eux, n'avait point été mis en cause. Constantin, pour les satisfaire, ordonna aux magistrats de l'Afrique de juger Félix. Ce fut Élien, le proconsul, qui présida à l'interrogatoire. Après de longues et minutieuses recherches, qui établirent dans tout son jour, au témoignage des écrivans catholiques, l'innocence de l'accusé, le juge impérial déclara que Félix n'était point un traditeur.

Les donatistes ne se laissèrent pas abattre par cette nouvelle sentence. Ils s'adressèrent encore à l'empereur, qui, pour pacifier une de ses plus belles provinces, usa de patience et soumit de nouveau l'affaire à un concile. Les lettres de convocation fixaient à Arles le lieu de l'assemblée. Cécilien et ses accusateurs n'étaient pas les seuls membres du clergé d'Afrique qui fussent appelés dans les Gaules. Ils devaient être assistés, aux termes des lettres impériales, d'un certain nombre d'évêques appelés de la Tripolitaine, de la Byzacène, de la Proconsulaire, de la Numidie et des Mauritanies. Nous savons que Chrestus, évêque de Syracuse, les accompagna.

Le concile s'ouvrit le premier du mois d'août de l'année 314. On comptait dans l'assemblée seize évêques gaulois, deux Bretons (ceux d'York et de Londres), et plusieurs qui étaient venus de l'Italie et de l'Espagne. L'évêque de Rome, saint Sylvestre, était représenté par deux prêtres, Claudien et Vitus, et deux diacres, Eugène et Cyriaque. On examina d'abord l'affaire de Cécilien. Les deux faits qu'on ne cessait de lui reprocher, à savoir, de s'être opposé par violence, à l'époque de la persécution, aux chrétiens qui portaient de la nourriture aux martyrs emprisonnés, et d'avoir été consacré par des évêques traditeurs, ne furent point établis sur des preuves. Les Pères du concile d'Arles prononcèrent donc en faveur de Cécilien une sentence d'absolution. Avant de se séparer, ils adressèrent à l'évêque de Rome une lettre où on lisait ces mots : « Au bien-aimé pape Sylvestre, tous les évêques, salut éternel dans le Seigneur. Unis ensemble par le lien de la charité et par l'unité de notre mère l'Église catholique, après avoir été amenés en la ville d'Arles par la volonté du très-pieux empereur, nous vous saluons de là, très-glorieux Père, avec la vénération qui vous est due. Nous y avons eu à supporter des hommes emportés et pernicieux à notre loi et à la tradition; mais l'autorité présente de notre Dieu, la tradition et la règle de la vérité les ont repoussés de telle sorte, qu'il n'y avait de consistance et d'accord, ni dans leurs discours, ni dans leurs accusations, ni dans leurs preuves. C'est pourquoi, par le jugement de Dieu et de l'Église, notre mère, laquelle connaît les siens et les approuve, ils ont été ou condamnés ou repoussés. Et plût à Dieu, bien-aimé frère, que vous eussiez assisté à ce grand spectacle: vous-même jugeant avec nous, leur condamnation en eût été plus sévère, et notre joie plus grande (1). » Les membres du concile ne s'étaient point seulement occupés de Cécilien et de ses accusateurs, ils avaient encore fait divers règlements relatifs à la discipline générale de l'Église. Néanmoins, parmi ces règlements, il en est plusieurs qui montrent que les évêques étaient vivement émus par le grand débat auquel ils avaient assisté et qui font une allusion directe aux querelles qui agitaient l'Afrique : « Ceux, dit le concile, qui sont coupables d'avoir livré les Écritures ou les vases sacrés, ou dénoncé leurs frères, seront déposés de l'ordre du clergé, pourvu qu'ils soient convaincus par des actes publics, non par de simples paroles. S'ils ont conféré les ordres à un homme digne d'ailleurs, l'ordination sera valable. » Et plus loin : « Parce que plusieurs résistent à la règle de l'Église, et prétendent être

(1) Rohrbacher; *Hist. univers. de l'Égl. cathol.*; t. VI, p. 226

admis à accuser avec des témoins corrompus par argent, qu'ils ne soient point reçus en leurs demandes. Ils devront prouver, au préalable, par des actes publics, ce qu'ils ont avancé. » Enfin on lit dans les actes du concile : « Ceux qui accuseront faussement leurs frères ne recevront la communion qu'à la mort (1). »

Le concile d'Arles n'éteignit point, en Afrique, les passions et les haines. Le schisme continua. Les donatistes, persévérant à se croire mal jugés, interjetèrent appel des deux sentences qui les avaient condamnés ; ils s'adressèrent directement à l'empereur, le priant d'examiner lui-même et de prononcer dans leur cause. Vivement irrité de cette demande, qui tendait à prolonger la discussion et les querelles, Constantin s'emporta contre les donatistes, et leur reprocha leur opiniâtreté et leur audace. Néanmoins, il résolut de tenter encore une fois la voie des conciliations. Il évoqua à son tribunal la cause qui lui était soumise, et par un jugement prononcé à Milan, en 315, il confirma l'arrêt porté contre les donatistes dans les conciles de Rome et d'Arles (2).

MESURES RIGOUREUSES PRISES PAR CONSTANTIN CONTRE LES DONATISTES ; LUTTES ET RÉVOLTES ; LES CIRCONCELLIONS. — Constantin, comme nous l'avons dit, même en promettant aux donatistes d'écouter leur plainte et de les juger, avait donné un libre cours à sa colère. Son emportement avait dû faire prévoir aux ennemis de Cécilien une nouvelle condamnation. Néanmoins, quand l'empereur eut prononcé, ils protestèrent contre sa sentence. Constantin répondit cette fois à leurs protestations par la menace des peines les plus sévères. Déjà, il avait recommandé à Celsus, son vicaire, dans une lettre que saint Optat nous a conservée, de procéder à l'égard des donatistes avec une extrême sévérité. Il avait annoncé, en même temps, que lui-même se disposait à passer en Afrique pour trancher toutes les difficultés et opérer, s'il en était besoin, par la force, la pacification d'une des portions les plus importantes de son empire. Celsus se conforma aux ordres qu'il avait reçus. Il poursuivit les donatistes et bannit d'Afrique les hommes les plus marquants du parti (1).

Les dispositions de l'empereur incitèrent sans doute les catholiques à la persécution, et, plus d'une fois, ils eurent recours pour combattre leurs adversaires, non plus à la discussion, mais à la violence. Les magistrats, de leur côté, essayèrent, en usant de rigueur, de complaire à Constantin. Cette conduite, loin d'étouffer le schisme, ne fit que raviver les haines. Les donatistes se laissèrent emporter par le désir de la vengeance ; sous des chefs énergiques, sous Menalius et Silvanus, par exemple, ils opposèrent la force à la force ; ils s'emparèrent, comme à Constantine (2), des églises et résistèrent ouvertement aux catholiques et à l'empereur. La sévérité des édits portés contre eux ne les arrêta point ; leur zèle ne fit que s'accroître, et bientôt dans les classes inférieures qui embrassèrent, en général, la cause du schisme, ce zèle prit le caractère d'un violent et sombre enthousiasme.

Ce fut alors que se montrèrent les premières bandes de *circoncellions* (3).

---

(1) Labbe ; *Concil.*, t. I, col. 1727 et 1728. On trouve dans ce recueil non-seulement les canons du concile d'Arles, mais encore les lettres de Constantin.

(2) Voy. sur le concile d'Arles et sur les événements qui le précédèrent et le suivirent jusqu'en l'année 416, indépendamment des conciles et des auteurs anciens, saint Optat, saint Augustin et Eusèbe (Optat. milev. de *schism. Don.* I, 25 et sqq. — S. Aug. epist. 50 *ad Bon.* ; epist. 162 *ad Glor. Eleus.* ; epist. 165 *ad Gener.* ; epist. 166 *ad Donat.* ; etc., etc. — Euseb. *Hist. eccles.*, X, 5) ; Tillemont ; *Mémoires pour servir à l'hist. ecclésiast.*, etc., t. VI, p. 50 et suiv. — Fleury ; *Hist. eccles.*, t. III, p. 32 et suiv. — Bérault-Bercastel ; *Hist. de l'Église* ; t. II, p. 19 et suiv. — Rohrbacher ; h. c. — Potter ; t. II, p. 135 ; — et surtout Morcelli, *ad an.* 313, 314, 315 et 316. C'est Morcelli que nous avons suivi pour la date du jugement rendu à Milan ; voy. *Afr. christ.*, t. II, p. 216 et 217.

(1) En 321, sur la requête des donatistes, ceux qui avaient été bannis à cause du schisme et des troubles qui l'avaient suivi, furent autorisés à rentrer en Afrique. Constantin promit même, sur la demande qui lui en avait été faite, de ne point contraindre les dissidents à communiquer avec Cécilien. Voy. Fleury ; *Hist. eccles.*, t. III, p. 76, et Morcelli *ad an.* 321.

(2) C'était *Cirta*. Elle quitta alors son ancien nom pour celui de *Constantine*.

(3) Morcelli (*Afric. christ.*, t. II, p. 219 dit, à propos des événements qui s'accomplirent en 317 : *ortum habuere circumcelliones furiosi illi donatistarum satellites, perditissima fex populi et agrestium latronum multitudo ad omne facinus congregata.* — Et

La querelle entre Cécilien et ses ennemis avait eu, dans toute l'Afrique, un grand retentissement. Les populations s'étaient divisées. Les classes inférieures, excitées par d'ardentes prédications, se rangèrent volontiers du côté de ceux qui se vantaient d'avoir seuls traversé, avec courage, les temps de la persécution et d'être sortis de la lutte sans souillure; et par une conséquence nécessaire, elles déclarèrent une guerre à mort aux catholiques qu'on leur désignait comme impurs, comme traditeurs. Les chefs donatistes réglèrent sans doute les premiers mouvements des hommes qu'ils avaient soulevés. Mais bientôt ils furent dépassés : les esclaves, les colons, les petits propriétaires ruinés par le fisc que, pour leur vagabondage autour des lieux habités, on appela *circoncellions*, formèrent des bandes semblables à celles qui parcoururent, au moyen âge, sous des noms divers, l'Allemagne, la France, l'Angleterre, l'Espagne et l'Italie. Ces circoncellions ne s'inquiétèrent point seulement, il faut le dire, de la querelle qui séparait Donat de Cécilien; comme ils appartenaient presque tous à la classe opprimée et souffrante, ils voulurent une réorganisation sociale et tentèrent d'établir, en ce monde, ce que, sous le fouet du maître et au milieu des plus rudes travaux, ils avaient appelé si souvent de leurs vœux, à savoir, le règne d'une parfaite égalité. Cependant, c'est le côté religieux qui domine dans cette grande insurrection. Les circoncellions, qui se donnaient le nom de *saints*, se crurent chargés d'une mission divine. S'opposer à eux, c'était, dans leurs idées, résister à Dieu même; donc, périr dans la lutte, c'était acquérir des droits à la félicité éternelle. Dans leur farouche enthousiasme, ils recherchèrent avidement le martyre. Ils s'offraient, par troupes, au fer de leurs ennemis, et quand on refusait de les frapper, ils se tuaient eux-mêmes. La rigidité de leur doctrine ne les empêcha point, sous Maxida et Fasir, les plus

effet, l'insurrection dut s'organiser au moment même où, pour obéir aux ordres de Constantin, les magistrats de l'Afrique commencèrent à sévir contre les donatistes. Fleury (t. III, p. 217) et quelques autres historiens ont reporté à l'année 329 et même plus tard, à tort suivant nous, l'apparition des circoncellions.

célèbres de leurs chefs, de se livrer à de graves désordres. Ils s'abandonnaient (et cela est inévitable dans les grandes réunions où l'on ne trouve ni frein, ni règle) à la débauche et à tous les excès. Ils pillaient, brûlaient, massacraient. Les choses en vinrent à ce point que les donatistes eux-mêmes qui les avaient suscités implorèrent, pour les réprimer, l'assistance des officiers impériaux. On envoya des troupes contre les circoncellions; mais il s'écoula bien des années avant le retour de l'ordre et la soumission complète, en Afrique, des populations insurgées (1).

CARACTÈRE DU SCHISME DES DONATISTES ET DU SOULÈVEMENT DES CIRCONCELLIONS.—« Le donatisme, dit M. Saint-Marc Girardin (2), n'est point une hérésie, c'est un schisme; car les donatistes croient ce que croit l'Église catholique; seulement, selon eux, les traditeurs ont souillé la pureté du caractère épiscopal; ils ont interrompu la descendance spirituelle des apôtres. Ne cherchez ici aucune des subtilités familières aux hérésies de la Grèce ou de l'Orient. L'esprit africain est à la fois simple et violent, et il ne va pas jusqu'à l'hérésie : il s'arrête au schisme; mais il met dans le schisme un acharnement singulier. Il y a peu d'hérésies qui soient nées en Afrique. L'arianisme n'y vint qu'avec les Vandales, et encore l'arianisme, tel que le professaient les Goths et les Vandales, n'était pas l'arianisme subtil, tel que l'Orient l'avait connu, disputant sur la consubstantialité du

(1) Les circoncellions se dissipèrent, il est vrai; mais les croyances qui avaient soulevé les populations devaient survivre à l'insurrection armée. Pendant longtemps on vit en Afrique des hommes errer çà et là, dans les campagnes, pour perpétuer, au sein des classes opprimées, la doctrine sociale et religieuse qui les avait si vivement agitées. Ces hommes, pour la plupart, étaient engagés dans les ordres, et tous, ils appartenaient au parti donatiste. C'est à ces prédicateurs errants, appelés aussi circoncellions, que s'applique la note insérée à la page 34 de notre *Histoire de la domination des Vandales* en Afrique.

Nous renvoyons encore ici, pour ce qui concerne les donatistes et les circoncellions, aux renseignements bibliographiques rassemblés par J. C. Ludw. Gieseler. Voy. *Lehrbuch des Kirchengeschichte*; t. I, p. 323, 324 et 325; 417 et suiv.

(2) M. Saint-Marc Girardin; *l'Afrique sous saint Augustin*. Voy. la *Revue des Deux Mondes*; 15 septembre 1842; p. 987.

Père et du Fils ; c'était un arianisme plus simple et plus à la portée de l'esprit des barbares, qui faisait du Père et du Fils deux dieux, dont l'un était plus grand et plus puissant que l'autre. Les hérésies africaines, et elles sont en petit nombre, n'ont jamais rien de subtil et de raffiné. Les célicoles, dont saint Augustin parle quelque part, ne sont qu'une secte qui penche vers le déisme primitif des Juifs, et semblent être en Afrique les précurseurs lointains du mahométisme.

« Les donatistes africains n'ont ni avec le judaïsme, ni avec le mahométisme aucune analogie de dogmes, car ils ne contestent aucune des croyances chrétiennes ; mais ils ont avec ces deux religions une grande ressemblance extérieure. C'est la même allure de fanatisme, c'est le même goût pour la force matérielle. Les donatistes ont, comme tous les partis, leurs modérés et leurs zélés; les modérés, qui s'appellent surtout les donatistes; les zélés, qui sont les circoncellions. Les donatistes sont les docteurs et les diplomates du parti ; ils désavouent l'usage de la violence; ils font des requêtes aux empereurs; ils inventent d'habiles chicanes pour échapper aux arrêts rendus contre leur schisme ; ils écrivent contre les docteurs catholiques; ils les calomnient et les insultent. Ils ne sont du reste ni moins obstinés, ni moins ardents que les circoncellions. Ils se déclarent les seuls saints, les seuls purs, les seuls catholiques. Les circoncellions sont l'armée et le peuple du parti, et ils représentent, dans le donatisme, l'Afrique barbare, comme les donatistes représentent l'Afrique civilisée. Les circoncellions sont des bandes nomades qui se mettent sous un chef et parcourent le pays. Ils font profession de continence; mais le vagabondage amène la débauche dans leurs bandes. Le but de leurs courses est de faire reconnaître la sainteté de leur Église; aussi leur cri de guerre est : Louanges à Dieu (*Laudes Deo*), cri redouté, car, partout où il retentit, il annonce le pillage et la mort. Comme les circoncellions sont la plupart des esclaves fugitifs ou des laboureurs qui ont renoncé au travail pour s'enfuir au désert, ils ont les haines qui sont naturelles à cette sorte d'hommes. Ils haïssent les maîtres et les riches, et quand ils rencontrent un maître monté sur son chariot et entouré de ses esclaves, ils le font descendre, font monter les esclaves dans le char et forcent le maître à courir à pied ; car ils se vantent d'être venus pour rétablir l'égalité sur la terre, et ils appellent les esclaves à la liberté : tout cela, au nom, disent-ils, des principes du christianisme, qu'ils dénaturent en l'exagérant, et dont surtout ils n'ont pas les mœurs. Ôtez-leur le fanatisme, ce sont les Bagaudes de la Gaule, ce sont les ancêtres de la Jacquerie ; c'est la vieille guerre entre l'esclave et le maître entre le riche et le pauvre; seulement cette guerre a pris la marque de l'Afrique : ce sont des nomades ; — et la marque du temps : ce sont des bandes fanatiques. C'est le fanatisme, en effet, qui leur donne un caractère à part. Ils sont cruels contre eux-mêmes et contre les autres ; ils se tuent avec une facilité incroyable, afin, disent-ils, d'être martyrs et de monter au ciel. Ils tuent les autres sans plus de scrupule, en combinant d'affreuses tortures, pleines des raffinements de la cruauté africaine. Parfois cependant, ils s'inquiètent de savoir s'ils ont le droit de se tuer, et alors ils forcent le premier venu à les frapper, afin de ne pas compromettre le mérite du martyre par le péché du suicide. Malheur, du reste, au voyageur qui refuserait de leur prêter sa main pour les tuer ! Il périrait lui-même sous les coups de leurs longs bâtons, qu'ils appellent des *israélites*, à moins qu'il n'ait la présence d'esprit d'un jeune homme de la ville de Madaure, qui rencontra un jour une de leurs bandes. Ces fanatiques avaient résolu depuis plusieurs jours d'être martyrs, et, selon leur usage, imité des gladiateurs, ils s'étaient, avant leur mort, livrés à tous les plaisirs de la vie, et surtout aux plaisirs de la table. Ils cherchaient donc avec impatience quelqu'un qui les voulût tuer. A l'aspect de ce jeune homme, ils coururent à lui avec de grands cris, et lui présentèrent une épée nue, le menaçant de l'en percer s'il ne voulait pas les en percer eux-mêmes. « Mais, dit le jeune homme, qui me répond, quand j'aurai tué deux ou trois d'entre vous, que les autres ne changeront pas d'idée, et ne me tueront pas? Il faut donc que vous vous laissiez lier. » Ils y consentirent, et, une fois bien liés, il les laisse sur le chemin et s'enfuit.

« Les circoncellions représentent, dans le donatisme, les mœurs de l'Afrique barbare; mais il y a dans le donatisme quelque chose qui caractérise l'Afrique en général : c'est l'esprit d'indépendance à l'égard des empereurs; c'est la haine de l'unité, soit de l'unité temporelle de l'empire, soit de l'unité religieuse de l'Église...... »

Plus loin, M. Saint-Marc Girardin dit encore (1) : « Quand on écarte de la discussion entre les donatistes et les orthodoxes tout ce qui est déclamation et injure, on voit que le principal grief contre le donatisme, c'est qu'il a rompu l'unité catholique. De ce côté, le refrain du chant rimé de saint Augustin résume fort bien les reproches qu'il fait aux donatistes :

> Omnes qui gaudetis de pace,
> Modo verum judicate.

La paix, c'est-à-dire l'unité, voilà le sentiment et le principe que saint Augustin atteste contre les donatistes. C'est là en effet le sentiment qui leur répugne, c'est par là qu'ils sont rebelles; ils n'ont avec les orthodoxes aucun dissentiment dogmatique; seulement ils veulent faire une Église à part. Il n'y a point avec eux de controverse théologique, car ils disputent sur des faits plutôt que sur des opinions. Dans le donatisme, ce n'est point comme dans la plupart des hérésies, l'indépendance de l'esprit humain qui en est cause, c'est l'indépendance de l'Afrique; et, ce qui achève de le prouver, c'est que les tentatives de révolte que font quelques gouverneurs d'Afrique, entre autres le comte Geldon en 397, sont appuyées par les donatistes. Ils sont les alliés naturels de quiconque veut rompre l'unité de l'empire dans l'ordre politique, comme ils veulent la rompre dans l'ordre religieux..... »

Enfin il ajoute (2) : « Le donatisme est, au quatrième et au cinquième siècle, un témoignage expressif de l'originalité que l'Afrique a gardée sous toutes les dominations. Dans le donatisme, cette originalité a été jusqu'au schisme en religion; et elle se ralliait volontiers à la révolte en politique (1). »

SUITE DES TROUBLES; VAINES TENTATIVES DE CONCILIATION; CONCILE DE CARTHAGE. — Dans cette lutte acharnée des donatistes contre les catholiques ou, comme disaient les dissidents, contre les *traditeurs*, il y eut, par un accord tacite, des instants de répit et des trêves. Le rappel des exilés donatistes, en 321, semble indiquer un ralentissement dans la lutte et un affaiblissement dans les haines. Cet état de choses dura d'abord jusqu'en 326, année où, suivant Morcelli (2), finit l'épiscopat de Cécilien. On put croire un instant que la guerre allait recommencer; mais le repos de l'Afrique ne fut pas troublé. Les catholiques choisirent Rufus pour évêque; ce fut probablement à la même époque que les dissidents procédèrent à l'élection de Donat (3). On serait tenté de croire que

---

(1) Cette appréciation du schisme des donatistes et du soulèvement des circoncellions nous semble profondément vraie. Cependant nous devons dire que nous n'acceptons point sans réserve toutes les opinions de M. Saint-Marc Girardin. Nous croyons, par exemple, que cette phrase : *L'esprit africain est à la fois simple et violent, et il ne va pas jusqu'à l'hérésie; il s'arrête au schisme*, contient un jugement trop absolu. Nous pensons, — et ici nous invoquons l'autorité de tous les historiens ecclésiastiques, — que les hérésies ont eu sur l'Afrique, si l'on peut s'exprimer ainsi, plus de prise que ne le croit M. Saint-Marc Girardin. D'autre part, *l'esprit africain*, suivant nous, se prêtait volontiers aux profondes méditations et à la controverse; et dans la discussion il se distinguait tour à tour par la force de la dialectique et par la subtilité. C'est un fait que l'on peut constater dans les ouvrages de tous les Africains, qui écrivirent depuis Tertullien jusqu'à saint Augustin. Seulement, dans ces ouvrages, ce qu'il y a de *logique*, d'ingénieux, de délié, de subtil, disparaît sous l'exagération de la forme, sous l'enflure des mots. Il semble même que l'Afrique ait communiqué l'esprit des discussions habiles aux étrangers, aux barbares, par exemple, qui fréquentèrent ses écoles et qui étudièrent ses œuvres littéraires, historiques et philosophiques. Nous rappellerons ici, comme preuve, le nom de Thrasamund, de ce roi vandale qui était théologien, non point à la manière du fameux roi des Franks, Hilpéric, mais à la manière des *Byzantins*.

(2) *Africa christiana*; ad an. 326 et 327. Voy. t. II, p. 230 et 231.

(3) Ce fut cet évêque et Donat des Cases-

---

(1) M. Saint-Marc Girardin; Ibid. p. 990.
(2) Id. Ibid. p. 602.

les deux nouveaux élus songèrent d'abord à remédier aux maux de l'Église et que leurs premiers soins eurent pour but d'opérer entre les deux partis un sincère rapprochement. C'est, à notre sens, l'explication du concile que, suivant le témoignage de saint Augustin, les donatistes ouvrirent à Carthage, en l'année 328 (1). Ce qui prouve la force du schisme, c'est que l'on vit accourir, de divers lieux, dans ce concile, deux cent soixante-dix évêques.

Les membres de cette grande réunion tentèrent les voies de la conciliation. Ils se relâchèrent de leur rigorisme et déclarèrent qu'à l'avenir ils communiqueraient volontiers avec les *traditeurs*, sans les soumettre à un second baptême. On en vit plusieurs qui, comme l'évêque Deuterius, de la Mauritanie sitifienne, observèrent fidèlement ce qui avait été décrété; et ce fut à ces hommes que l'Afrique dut la paix dont elle jouit encore pendant quelques années.

LA LUTTE RECOMMENCE; PERSÉCUTION MACARIENNE. — Vers l'année 348, la lutte recommença. Quelle fut la cause de cette guerre nouvelle? on l'ignore. Les écrivains catholiques prétendent que l'obstination et les violences de Donat, évêque schismatique de Carthage, et d'un autre Donat, évêque de Bagaïa, ranimèrent les anciennes discordes (2). L'empereur Constant avait envoyé en Afrique deux officiers, Paul et Macaire, qui avaient pour mission d'apaiser dans cette contrée les querelles religieuses. Les dissidents connaissaient sans doute à l'avance les dispositions des deux délégués impériaux et leurs rapports avec Gratus, évêque catholique de Carthage. Paul et Macaire avaient à peine touché les côtes de l'Afrique que les donatistes se soulevèrent contre eux de toutes parts. Donat de Carthage, suivant saint Optat, se laissa

Noires qui, comme nous l'avons vu plus haut, donnèrent leur nom aux dissidents.
(1) Morcelli (*Afric. christ.*); ad an. 328. Voy. t. II, p. 232.
(2) Il ne faut pas oublier qu'il ne nous reste sur les querelles religieuses de l'Afrique que les écrits des catholiques. Le devoir d'un historien impartial est de n'admettre qu'avec une extrême réserve les accusations portées contre les dissidents, même par saint Optat et saint Augustin. Les donatistes ont beaucoup écrit dans le cours du IVe siècle ; mais leurs livres ne sont pas arrivés jusqu'à nous.

entraîner par la colère jusqu'à proférer des injures contre l'empereur devant ses deux représentants. Donat de Bagaïa fit plus encore : il appela à son aide les bandes non encore anéanties des circoncellions, souleva la population des villes et des campagnes, et s'apprêta à résister par la force aux ordres de Constant. Paul et Macaire n'hésitèrent point : ils s'adressèrent, en vertu de leurs instructions, au comte Sylvestre, qui mit des soldats à leur disposition. Des scènes de violence ne tardèrent pas à éclater de toutes parts, et la guerre commença ; mais elle ne fut pas de longue durée. La victoire resta bientôt aux délégués impériaux. Ceux-ci ne trouvant plus de résistance poursuivirent les dissidents avec une grande rigueur. Les évêques donatistes furent chassés de leurs sièges, exilés ou tués. Les persécuteurs, que du nom du plus violent de leurs chefs on appela *Macariens*, ne s'arrêtèrent que sous le règne de l'empereur Julien.

Au moment même (349) où Paul et Macaire venaient de vaincre les schismatiques par la force des armes, Gratus assembla à Carthage un concile, où siégèrent les évêques catholiques de toutes les provinces de l'Afrique. Le but des Pères qui vinrent à ce concile était principalement de condamner les donatistes (1).

L'EMPEREUR JULIEN; RÉACTION. — Julien voyait avec joie les schismes et les hérésies qui déchiraient l'Église. Il ne cherchait point à terminer les différends, à étouffer les haines. Il laissait pleine et entière liberté à tous les agitateurs, persuadé qu'en définitive les querelles entre chrétiens nuiraient plus au christianisme que la plus rigoureuse et la plus sanglante des persécutions.

En Afrique, Julien devait donc reconstituer contre l'orthodoxie le parti puissant que les *macariens* avaient presque anéanti. Il rendit la paix aux donatistes persécutés depuis quatorze ans,

(1) C'est le premier concile de Carthage dont nous ayons les canons. — Morcelli a rassemblé avec un grand soin, sur cette période de l'histoire du schisme, tous les renseignements contenus dans les anciens documents, et principalement dans les ouvrages de saint Optat et de saint Augustin. Voy. *Afric. christ.* (ad an. 348 et sqq.); t. II, p. 247 et suiv.

et, par cette mesure seule, il les releva. Les schismatiques obtinrent de rappeler leurs évêques qui avaient été bannis et de rentrer en possession de leurs églises. On peut à peine se faire une idée de la réaction qui se fit alors. Les évêques et les prêtres donatistes, accompagnés de nombreux soldats, se jetèrent sur les églises, s'en emparèrent de vive force et massacrèrent ceux qui voulaient les défendre. Ils se portèrent aux plus odieux excès, pillant et tuant, et n'épargnant pas même les vieillards, les femmes et les enfants qui tenaient au parti de leurs persécuteurs. Tout ce qui avait servi au culte des catholiques, ils le repoussèrent et, dans leur fureur, ils n'hésitèrent point à jeter l'Eucharistie aux chiens. Le désordre fut porté au comble, non point seulement dans le pays qui avoisinait Carthage, mais encore dans la Numidie et dans les Mauritanies.

A la nouvelle de tant de violences, Julien et ceux qui dans les diverses parties de l'empire n'avaient point abandonné les doctrines du polythéisme, durent éprouver une grande joie; mais le triomphe des donatistes fut court. Les édits de Valentinien ramenèrent bientôt pour les schismatiques de l'Afrique le temps de l'exil et de la persécution (1).

SAINT OPTAT, ÉVÊQUE DE MILÈVE; POLÉMIQUE ENTRE LES ÉCRIVAINS CATHOLIQUES ET LES ÉCRIVAINS DONATISTES; LOI DE VALENTINIEN. — Depuis l'origine du schisme, une polémique vive, ardente, s'était engagée entre les écrivains des deux Églises. Elle dura pendant près d'un siècle sans interruption. Presque tous les ouvrages qui furent composés alors et qui se rapportent aux querelles religieuses de l'Afrique sont perdus aujourd'hui. Nous n'avons rien des donatistes. Nous ne connaissons les opinions des schismatiques africains et les arguments qu'ils employaient dans la discussion que par les ouvrages de leurs adversaires. Parmi les plus vigoureux et les plus illustres de ces adversaires, il faut compter assurément Optat, évêque de Milève. « Parménien, évêque donatiste de Carthage et successeur de Donat, dit Fleury, ayant écrit contre l'Église, plusieurs catholiques avaient désiré une conférence des deux partis : mais les donatistes l'avaient refusée, ne voulant pas même parler aux catholiques ni approcher d'eux, sous prétexte de ne pas communiquer avec les pécheurs. Optat répondit donc par écrit à Parménien, ne le pouvant faire autrement. » Dans les sept livres de son ouvrage (1), l'évêque de Milève se propose de défendre contre les schismatiques l'unité de l'Église et de repousser toutes les accusations portées par les donatistes contre les catholiques, qu'à la fin du IVe siècle ils appelaient encore traditeurs. Optat ne se borne pas à discuter : comme le schisme des donatistes reposait tout entier, en quelque sorte, sur cette question de fait : Cécilien et les évêques catholiques, ses partisans, ont-ils livré les Écritures, au temps des persécutions ? sont-ils *traditeurs* ? il remonte à l'origine des dissensions et raconte. Il oppose des faits aux faits allégués par ses adversaires. C'est ainsi qu'en combattant Parménien, il mêle la narration à la discussion et suit, jusqu'à son temps, l'histoire des luttes religieuses de l'Afrique. Suivant Fleury (2), Optat écrivit son ouvrage sous Valentinien (364-375).

Comme nous l'avons dit, la violente réaction des donatistes contre les catholiques cessa avec le règne de Julien. Les schismatiques ne pouvaient désormais espérer l'impunité pour leurs excès. Les empereurs qui succédèrent à Julien n'auraient pas tardé à réprimer en Afrique les désordres que, par un sentiment de haine contre toutes les communions chrétiennes, le restaurateur du paganisme pouvait seul tolérer. Mais les donatistes avaient à peine mis un terme à leurs vengeances, que les catholiques, à leur tour, se relevèrent et réclamèrent l'assistance du pouvoir impérial pour vaincre leurs adversaires.

---

(1) Indépendamment des ouvrages de saint Optat (*de Schism. Donat.* II, 19; VI, 2 et sqq) et de saint Augustin (nous faisons surtout allusion ici à la lettre 166, *al*. 105, *ad Donatist.*), voy. sur cette réaction : Fleury, t. IV, p. 67 et suiv; Potter, t. II, p. 142.

(1) Quelques auteurs ont pensé que le septième livre n'avait pas été écrit par Optat.
(2) Fleury; *Hist. ecclés.* t. IV, p. 226 et suiv. — Voy. aussi sur saint Optat : Rohrbacher; *Hist. univers. de l'Église catholique*, t. VII, p. 102 et suiv.

Valentinien leur vint en aide; cependant ce ne fut qu'au mois de février de l'année 373 qu'il promulgua, à Trèves, une loi par laquelle quiconque, parmi les évêques ou les prêtres, rebaptisait, était condamné et déclaré indigne du sacerdoce : cette loi, qui atteignait les donatistes, fut adressée au proconsul d'Afrique, Julien. Il est vraisemblable toutefois que, dans les intentions de l'empereur, elle était applicable aussi aux partisans que les schismatiques africains avaient rencontrés à Rome et en Espagne. Les donatistes ne se laissèrent point abattre par le décret de Valentinien ; la sévérité des lois impériales ne fit sans doute que raviver leur haine contre les catholiques et les affermir dans le schisme.

SAINT AUGUSTIN ; SES COMMENCEMENTS ; IL QUITTE L'AFRIQUE ; SÉJOUR A ROME ET A MILAN ; SA CONVERSION (1). — Au moment même où l'évêque de Milève, Optat, achevait son ouvrage, saint Augustin, qui devait être l'adversaire le plus redoutable des donatistes, commençait à paraître avec éclat dans les écoles de l'Afrique. Il naquit en 354, à Tagaste, petite ville de la Numidie. Patrice, son père, était un des hommes notables de la cité ; il faisait partie du corps des décurions. Sa mère, qui exerça une si grande influence sur sa vie, et qui tint une si grande place dans ses affections, s'appelait Monique. Il étudia d'abord à Madaure ; puis, il revint à Tagaste ; de là il se rendit à Carthage, où il acheva ses études. Ce fut dans les écoles justement renommées de la capitale de l'Afrique, qu'en lisant les traités de Cicéron, il se prit d'un vif amour pour la philosophie. Il se mit dès lors avec une ardeur sans égale à la recherche de la vérité. Il voulut connaître les ouvrages où sont exposés les dogmes fondamentaux du christianisme ; mais le style des saintes Écritures devait rebuter un homme qui étudiait assidûment Cicéron et les auteurs qui avaient vécu à la belle époque de la latinité. Il laissa donc de côté les livres chrétiens.

Ce fut aussi vers ce temps qu'il se laissa séduire par la doctrine des manichéens.

Augustin, après avoir achevé ses études, revint encore à Tagaste, où il enseigna successivement la grammaire et la rhétorique. Mais la petite ville où il avait pris naissance n'était pas à ses yeux un théâtre où il pût se produire avec éclat et acquérir, comme maître, la gloire que sans doute il avait rêvée. Il quitta donc Tagaste et reprit le chemin de Carthage. Il reparut comme professeur dans les écoles de cette ville ; mais il n'y fit pas un long séjour. Il se décida à passer la mer, et, trompant la vigilante tendresse de sa mère, il s'embarqua pour l'Italie et vint à Rome. Là, il continuait à étudier les philosophes, lorsque la ville de Milan demanda au préfet Symmaque un professeur de rhétorique. Sur la puissante recommandation des manichéens, et après avoir, au préalable, prouvé sa capacité par un discours, Augustin fut désigné aux citoyens de Milan. Nous devons remarquer ici que, déjà à cette époque Augustin n'avait plus confiance en la doctrine des manichéens ; ses rapports et ses discussions avec les hommes les plus influents de la secte, avec l'évêque Fauste surtout, avaient jeté le doute dans son esprit ; toutefois il ne s'était pas encore séparé ouvertement de ceux dont il avait été pendant plusieurs années le sincère partisan.

En 384, il se rendit à Milan, où arrivèrent bientôt Monique sa mère et deux hommes, comme lui originaires de l'Afrique, et qu'il chérissait entre tous, Alypius et Nebridius. C'était dans cette ville que devait commencer pour Augustin une vie nouvelle.

Son esprit, en proie depuis si longtemps à l'incertitude, et qui avait cherché en vain la vérité, soit dans les livres de Cicéron et des académiciens, soit dans le système des manichéens, se fixa. Les vœux ardents de Monique, les sermons de saint Ambroise, et plus encore les ouvrages de Platon, qu'il lut dans une traduction latine, mirent fin à toutes ses irrésolutions. Platon, comme il l'avoue, lui fit entrevoir la vérité tant désirée. Puis, les saintes Écritures, qu'il étudia alors avec attention et avec ardeur, achevèrent de lui dévoiler ce qui

---

(1) Pour toute cette partie biographique de notre travail nous avons toujours eu sous les yeux les *Confessions* et la *Vie de saint Augustin* écrite par Possidius.

n'apparaissait encore que d'une manière vague et confuse, même dans la plus sublime des doctrines de la philosophie grecque. Il voulut être sincèrement chrétien.

Pour se préparer avec plus de recueillement au baptême, Augustin cessa d'enseigner et se retira dans une maison de campagne avec sa mère et Adéodat, fils de l'une des femmes nombreuses qu'il avait aimées. Il fut suivi dans sa retraite par ses amis les plus chers. Ce fut là qu'à la suite de doux et graves entretiens, il composa plusieurs ouvrages qui sont parvenus jusqu'à nous. Il écrivit d'abord contre les académiciens; puis il fit les deux traités de la *Vie heureuse et de l'Ordre*. Il commença aussi les *Soliloques*, qu'il compléta plus tard par le traité de *l'Immortalité de l'âme*. Peu de temps après, il composa encore deux traités: celui de *la Grammaire*, qui n'est point arrivé jusqu'à nous, et celui *de la Musique*, qui ne fut achevé qu'en Afrique. Au printemps de l'année 387, il revint à Milan, où il fut baptisé avec Adéodat, son fils, et Alypius, son ami, par saint Ambroise.

AUGUSTIN QUITTE MILAN; IL PERD SA MÈRE; SÉJOUR A ROME; IL REVIENT EN AFRIQUE; LUTTES CONTRE LES MANICHÉENS ET LES DONATISTES; SA RETRAITE; IL EST NOMMÉ SUCCESSIVEMENT PRÊTRE ET ÉVÊQUE DE L'ÉGLISE D'HIPPONE. — Augustin, après son baptême, prit la résolution de retourner en Afrique. Il quitta Milan, et accompagné de sa mère et de son fils, il se dirigea vers le port d'Ostie. Il attendait le moment de s'embarquer, lorsque Monique fut prise d'une fièvre qui l'emporta en neuf jours. Augustin ressentit à la mort de sa mère une violente douleur qui bouleversa pour un instant tous ses projets. Il ne songea plus à l'Afrique et, d'Ostie, il vint à Rome, où il séjourna pendant plus d'une année. Il ne cherchait plus alors à briller dans les écoles; il voulait, avant tout, mettre au service de la doctrine qu'il venait d'embrasser les connaissances qu'il avait acquises et son éloquence. Il attaqua l'hérésie avec force, et par une réaction naturelle chez un nouveau converti, il combattit d'abord ceux dont il avait partagé les erreurs. Il composa deux livres: l'un sur *la Morale et les mœurs de l'Église catholique*, l'autre sur *la Morale et les mœurs des manichéens*. Le résultat de cette comparaison, on le conçoit aisément, est tout entier à l'avantage de l'Église catholique. Augustin ne se contenta pas de montrer au grand jour la corruption des manichéens; il les attaqua dans un des points fondamentaux de leur système; et en examinant cette question: D'où vient le mal? il combattit la doctrine des deux principes, l'un bon, l'autre mauvais, qu'ils admettaient. Ce fut sans doute cette controverse qui le conduisit à écrire son traité du *Libre arbitre*. En faisant au libre arbitre, dans tous les actes, une large part (beaucoup plus large que celle qu'il lui accorda plus tard, dans la lutte contre Pélage et Célestius), il réfutait encore la doctrine des deux principes. Il n'acheva ce dernier traité qu'en Afrique, où il arriva enfin dans les derniers mois de l'année 388.

Il demeura quelque temps à Carthage; puis, il revint à Tagaste, où il vécut, pendant trois ans environ, dans une profonde retraite. Il y acheva son ouvrage *de la Musique*. Il composa à la même époque les deux livres de *la Genèse*, destinés à réfuter l'opinion des manichéens sur l'Ancien Testament, le livre *du Maître*, qui est un dialogue entre lui et son fils Adéodat, et le traité *de la Vraie religion*. Il sortit enfin de la retraite, et sur la demande d'un de ses amis qui voulait quitter le siècle et désirait ardemment le voir et l'entendre, il vint à Hippone. Il y fut retenu malgré lui, en quelque sorte, par les vœux du peuple; et pour l'attacher à son église, l'évêque Valère l'ordonna prêtre, en 391. Le dernier lien qui unissait Augustin au monde avait été rompu par la mort prématurée d'Adéodat. Aussi, dès qu'il fut entré dans les ordres sacrés, il redoubla d'austérités, et sa vie fut encore plus retirée qu'à Tagaste. Il fonda un monastère où il rassembla autour de lui ses amis les plus chers, Alypius, Evodius et Possidius. Il ne sortait de sa retraite que sur les ordres de Valère, son évêque, pour instruire le peuple toujours avide de l'entendre.

La réputation d'Augustin était déjà grande à cette époque. Les évêques s'adressaient volontiers à lui pour lui demander des prières et des conseils. D'autre part, il exerçait sur le peuple qu'il instruisait une autorité sans bornes. Ainsi, jusqu'à son temps, les évêques s'étaient en vain opposés dans la ville à certaine fête qui entraînait à sa suite la débauche et de graves désordres. Un concile même, tenu à Hippone en 393, n'avait pu abolir les vieux usages. En 394, la parole seule d'Augustin fut plus puissante que les décrets du concile et que les exhortations des évêques ; elle fit cesser la fête populaire.

Au milieu des occupations nombreuses que lui imposait sa qualité de prêtre, Augustin trouvait encore le temps de servir l'Église par ses ouvrages. Il écrivait son traité *de l'Utilité de croire*, pour ramener à la foi un de ses amis appelé Honorat, et son livre des *Deux âmes*, pour réfuter les manichéens. Il attaqua encore ces derniers, en 394, en soutenant contre l'un d'eux, Adimante, que l'Ancien et le Nouveau Testament n'étaient pas opposés l'un à l'autre, et que là même où ils semblaient se contredire, il était facile de les concilier. Il entrait aussi volontiers en conférence publique avec les ennemis de sa doctrine ; c'est ainsi qu'en 392 il discuta pendant deux jours contre le prêtre manichéen Fortunat, qui s'avoua vaincu. Mais en Afrique ce n'était point le manichéisme qui avait porté les plus rudes coups à l'unité de l'Église ; le catholicisme avait dans cette contrée des adversaires plus puissants et plus nombreux, les donatistes. Les partisans du schisme dominaient dans un grand nombre de provinces. Dans une de leurs réunions à Bagaïa, on compta plus de quatre cents évêques dissidents. Augustin tourna bientôt tous ses efforts contre ces redoutables ennemis. Il essaya d'abord de ramener, par la persuasion, les donatistes nombreux qui se trouvaient à Hippone ; puis il composa une sorte de chanson populaire où il racontait l'histoire du donatisme. Il mêla au récit une réfutation du schisme. La forme qu'il avait adoptée dut contribuer singulièrement à propager son œuvre. Ses idées étaient mises ainsi à la portée de tous, et pouvaient aisément pénétrer dans les villes et les campagnes, au sein de la classe opprimée qui avait été gagnée presque tout entière à la cause du schisme.

Ce fut vers cette époque que Valère, accablé d'ans et d'infirmités, choisit Augustin pour coadjuteur et le fit nommer évêque d'Hippone.

TRAVAUX D'AUGUSTIN DANS L'ÉPISCOPAT ; IL COMBAT LES HÉRÉSIES ; SA RÉPUTATION S'ÉTEND AU LOIN. — L'épiscopat ne changea en rien la vie d'Augustin. Il sortit, il est vrai, du monastère qu'il avait choisi pour asile ; mais, au milieu du monde auquel il devait dès lors se mêler, il conserva les habitudes austères que depuis sa conversion il s'était imposées. Seulement son activité devint plus grande et le cercle de ses travaux s'agrandit. Il faisait au peuple de fréquentes instructions, visitait ou accueillait tous les citoyens d'Hippone qui réclamaient son assistance, et intervenait comme juge et comme médiateur dans les différends qui s'élevaient entre les membres de son Église.

On conçoit à peine qu'au milieu d'occupations si diverses et si nombreuses, Augustin ait trouvé pour écrire quelques instants de loisir. Cependant dans les premiers temps de son épiscopat, il composa le *Combat chrétien* et le livre de la *Croyance aux choses qu'on ne voit pas*. Un peu plus tard, vers 397, il reprit la lutte contre les manichéens, et réfuta d'abord la lettre de Manès, appelée *l'Épître du fondement* ; puis, il fit ses *Trente-trois livres contre Fauste*. Les ariens fixèrent aussi son attention, et il commença, pour les combattre, ses quinze livres *de la Trinité*. Il écrivait aussi à la même époque le plus connu de tous ses ouvrages, les *Confessions*.

Tant d'activité et de science portèrent au loin la réputation d'Augustin. On le consultait de toutes parts. Pour lui, il répondait avec un zèle infatigable aux demandes qu'on lui adressait. Ce fut ainsi qu'au milieu des grands travaux que nous venons d'énumérer, il composa pour Deogratias, diacre de l'Église de Carthage, un traité *sur la manière d'instruire les ignorants*, et qu'il fit (vers 397) deux livres pour résoudre certaines questions qui lui avaient été soumises par Simplicien, évêque de Milan et successeur de saint Ambroise. Le dernier de ces deux livres mérite une sérieuse attention. Il y expose déjà clairement, à propos de ces paroles de l'Apôtre, « *Qu'avez-vous que vous n'ayez reçu?* » cette doctrine de la grâce qui annihilait complétement le libre arbitre, et qu'il devait pousser jusqu'à ses dernières conséquences, dans sa lutte contre Pélage.

LES DONATISTES; LEURS DIVISIONS; LIVRES DE SAINT AUGUSTIN; CONCILES. — Mais alors Augustin était surtout occupé par ses discussions contre les donatistes. L'occasion était bien choisie pour combattre le schisme. Depuis plusieurs années déjà, l'église donatiste était en proie à de grandes divisions. Vers la fin du siècle, les opinions de Ticonius, qui fut parmi les dissidents, suivant saint Augustin luimême, un éloquent et savant docteur, fournirent un nouvel aliment aux querelles et aux dissensions. La mort de Parménien, évêque donatiste de Carthage, acheva de désorganiser le schisme. Primien, qui fut élu, vers l'an 392, avait excommunié un de ses diacres, Maximien. Ce dernier, pour se venger, se fit un parti, et occupa par la force le siége de celui qui l'avait condamné. Deux conciles se prononcèrent contre Primien; mais un troisième, qui se tint à Bagaïa, prit sa défense et déclara coupable Maximien et ses adhérents. Ce fut là l'occasion d'une guerre où *primianistes* et *maximianistes* montrèrent une extrême violence.

Il faut encore ajouter à ces deux partis, dont le premier dominait à Carthage, dans la Proconsulaire et la Numidie, et le second, dans la Byzacène, celui des *rogatistes*, qui l'emportaient par le nombre sur tous les autres dissidents, dans la Mauritanie césarienne.

Augustin voyait avec joie toutes ces divisions. Elles lui fournissaient, dans ses conférences avec les évêques donatistes, avec Glorius et Fortunius, par exemple, aussi bien que dans ses écrits contre le schisme, des arguments sans réplique. Ce fut vers l'an 400 qu'il composa trois livres pour réfuter une lettre de Parménien adressée à Ticonius; sept livres sur la question tant controversée du baptême, et trois livres enfin contre les lettres de Pétilien, évêque donatiste de Cirta ou Constantine.

L'Église catholique d'Afrique, aussi bien qu'Augustin, avait repris courage et force. Elle multiplia alors les conciles. Les Pères se réunirent une fois à Hippone; mais en général Carthage était le lieu fixé pour les assemblées. En 398, on compta dans la capitale de l'Afrique, sous la présidence d'Aurélius, deux cent quatorze évêques. La question du schisme était toujours agitée dans ces grandes réunions, et les Pères ne se séparaient jamais sans avoir promulgué quelques canons contre les donatistes.

DERNIERS VESTIGES DU POLYTHÉISME EN AFRIQUE; LE TEMPLE DE JUNON-CÉLESTE; POLÉMIQUE DE SAINT AUGUSTIN CONTRE LES PAÏENS. — Le schisme et l'hérésie n'étaient pas les seuls ennemis que l'Église catholique et saint Augustin eussent à combattre en Afrique. Le paganisme avait laissé dans cette contrée une profonde empreinte. Dans les Mauritanies, la Numidie, la Proconsulaire, la Byzacène, à Carthage même, on trouvait encore, au commencement du Ve siècle, de nombreux adorateurs des anciens dieux. Les temples avaient été fermés, il est vrai, par ordre de Théodose; mais la sévérité des lois impériales n'empêchait pas les païens de se livrer, comme par le passé, aux pratiques de leur religion, et ils ne cessèrent point dans les jours solennels de se rassembler pour faire des sacrifices. La plus célèbre et la plus vénérée de toutes les divinités de l'Afrique était l'Astarté des Phéniciens. La race punique n'avait point été anéantie tout entière au moment où Scipion avait renversé l'ancienne Carthage. Parmi les hommes de cette race, beaucoup échappèrent alors au fer des Romains ou à l'esclavage, et continuèrent à vivre sur la terre d'Afrique. Les descendants des Phéniciens se soumirent, il est vrai, aux lois des vainqueurs; mais ils ne perdirent pour cela ni leur caractère national ni les traditions de leurs ancêtres. Ils conservèrent leurs dieux et leur culte, et les rapportèrent dans la colonie de Caïus Gracchus, où ils relevèrent le temple d'Astarté. Il était dans la politique des Romains, non de combattre les croyances religieuses des vaincus, mais de les adopter, ou plutôt de les combiner avec leurs propres croyances. Ainsi, ils essayèrent de concilier le culte d'Astarté avec celui de leurs divinités, et sous le nom de Junon-Céleste ils adorèrent la déesse phénicienne. Le temple de Junon-Céleste fut, au temps de l'empire, le plus riche et le plus révéré de Carthage : Théodose le fit fermer en 391. Un peu plus tard, l'évêque Aurélius en prit possession et le dédia au Christ. Mais après cette consécration, les païens (c'étaient sans doute des hommes de race punique et les derniers descendants des Carthaginois) ayant osé pénétrer dans son enceinte pour y renouveler en l'honneur d'Astarté leurs sacrifices et leurs cérémonies, il fut renversé de fond en comble (1).

L'empereur Honorius, dans son zèle, ne se borna pas à persécuter en Afrique le polythéisme oriental, grec ou romain; il envoya aussi dans les diverses provinces des officiers qui avaient pour mission de détruire, comme cela se fit avec éclat dans la Mauritanie, les images des dieux adorés par les populations indigènes. Mais les païens étaient encore nombreux et puissants sous le fils de Théodose, et plus d'une fois ils opposèrent une vive résistance aux édits impériaux. A Suffète, par exemple, dans la Byzacène, ils massacrèrent soixante chrétiens qui avaient brisé une statue d'Hercule.

Ils écrivirent aussi pour défendre leurs croyances; et parmi eux il se trouva des hommes instruits et éloquents qui firent une rude guerre au christianisme. Ce fut l'infatigable Augustin qui, oubliant alors pour un instant le schisme et l'hérésie, se chargea de réfuter les doctrines du polythéisme. Depuis longtemps les païens faisaient valoir contre la religion chrétienne un argument qui pouvait ébranler les ignorants. Ils disaient : Quand nos dieux étaient adorés, il y avait sur cette terre, pour les hommes, bonheur et sécurité. C'est avec l'assistance de ces dieux que Rome a conquis le monde, qu'elle l'a soumis à ses lois et qu'elle a rassemblé, pour ainsi dire, pour le protéger et le défendre, tout le genre humain dans son vaste empire. Tant que notre religion a régné sans partage, l'empire romain n'a pas rétrogradé et nul barbare n'a franchi impunément ses frontières. Qu'est-il arrivé après le triomphe du christianisme? l'empire a été en proie à d'effroyables calamités; il a été sans cesse harcelé, envahi, ravagé, amoindri par les populations barbares. Nos dieux se sont vengés, et il semble même qu'ils aient fait éclater particulièrement leur colère à l'égard des empereurs partisans et protecteurs du christianisme. Y eut-il jamais une famille plus malheureuse que celle de Constantin? Il faut donc attribuer à notre religion les anciennes prospérités de l'empire, et au christianime tous les maux qui nous accablent. Voilà le grand argument que firent valoir souvent avec une haute éloquence, comme Libanius et Symmaque, les défenseurs du polythéisme. La prise de Rome, par Alaric, en 410, sembla justifier les raisons des païens. Le coup qui avait frappé la ville éternelle eut dans toutes les provinces un long retentissement. Il y eut alors bien des hommes qui, dans des instants de doute et de découragement, furent tentés d'attribuer au christianisme les calamités de l'empire.

Ce fut au milieu de ces grandes catastrophes que se mirent à l'œuvre Paul Orose et Augustin : l'un composa son *Histoire*, l'autre sa *Cité de Dieu*. Tous deux par des voies diverses tendaient au même but. Ils voulaient raffermir leurs frères qui chancelaient, amener à la foi ceux qui ne croyaient pas encore, et pour cela ils s'efforcèrent de montrer à tous les yeux combien étaient vaines les accusations que le polythéisme, aigri par sa récente défaite et le sentiment de son impuissance, avait portées contre le christianisme victorieux.

LES DONATISTES SONT POURSUIVIS AVEC ACHARNEMENT; CONCILES DE CARTHAGE; CONFÉRENCES DE L'AN 411; CONDAMNATION DES DONATISTES; LE TRIBUN MARCELLIN; LOI D'HONORIUS. — Quels que fussent les travaux d'Augustin, ses yeux et son attention ne se détournaient jamais des donatistes. L'extinction du schisme était sa

(1) Voy. sur la religion des Carthaginois, le temple d'Astarté et la persistance de la race punique en Afrique, notre *Histoire de Carthage*, p. 139, 145 et 153.

grande affaire et, en cela, il se conformait à la pensée de tous les catholiques de l'Afrique. Il arriva un moment où ceux-ci, poussés par le vif désir d'opérer la réunion des deux Églises, recoururent au moyen extrême d'invoquer l'intervention du pouvoir temporel. En 404, les Pères d'un concile rassemblé à Carthage s'adressèrent à l'empereur pour obtenir de lui aide et appui dans leur lutte contre le donatisme. Dès lors ils ne cessèrent plus d'implorer son assistance. Honorius accueillit leurs demandes, et pour obéir aux instructions qu'ils avaient reçues de Ravenne, les officiers qui gouvernaient l'Afrique traitèrent les partisans du schisme avec une excessive rigueur. Mais ce fut surtout vers 410 que l'empereur donna aux catholiques des preuves éclatantes de sa bienveillance.

Il y avait longtemps qu'on voulait amener les évêques des deux Églises à discuter, dans une conférence publique, les motifs de la séparation. Depuis Théodose, les catholiques désiraient ardemment cette conférence. Ils l'offrirent plusieurs fois aux donatistes. Ceux-ci, prévoyant les résultats qu'entraînerait inévitablement à sa suite une condamnation sous des empereurs qui leur étaient ouvertement hostiles, repoussèrent jusqu'en l'année 410 les propositions des catholiques. Alors quelques-uns d'entre eux se laissant entraîner acceptèrent la discussion publique. Les catholiques et l'empereur Honorius se hâtèrent de profiter de ces dispositions, et un rescrit émané de la chancellerie impériale enjoignit aux évêques des deux Églises de se rendre à Carthage. « Ce rescrit, dit Fleury, fut adressé à Flavius Marcellin, tribun et notaire, dignité alors considérable. C'était un homme pieux et ami de saint Jérôme et de saint Augustin, comme il paraît par leurs lettres. Le rescrit ordonne que les évêques donatistes s'assembleront à Carthage dans quatre mois, afin que les évêques choisis de part et d'autre puissent conférer ensemble. Que si les donatistes ne s'y trouvent pas, après avoir été trois fois appelés, ils seront dépossédés de leurs églises. Marcellin est établi juge de la conférence, pour exécuter cet ordre et les autres lois données pour la religion catholique, et l'empereur lui donne pouvoir de prendre entre les officiers du proconsul, du vicaire, du préfet du prétoire et de tous les autres juges, les personnes nécessaires pour l'exécution de sa commission. Le rescrit est daté de Ravenne, la veille des ides d'octobre, sous le consulat de Varane, c'est-à-dire le quatorzième d'octobre 410........ Le tribun Marcellin étant venu à Carthage donna son ordonnance, par laquelle il avertit tous les évêques d'Afrique, tant catholiques que donatistes, de s'y trouver dans quatre mois, c'est-à-dire le premier jour de juin, pour y tenir un concile. Il charge tous les officiers des villes de le faire savoir aux évêques et de leur signifier le rescrit de l'empereur et cette ordonnance. Il déclare, quoiqu'il n'en eût pas d'ordre de l'empereur, que l'on rendra aux évêques donatistes qui promettront de s'y trouver, les églises qui leur avaient été ôtées selon les lois, et leur permet de choisir un autre juge, pour être avec lui l'arbitre de cette dispute. Enfin il leur proteste avec serment qu'il ne leur fera aucune injustice, qu'ils ne souffriront aucun mauvais traitement, et retourneront chez eux en pleine liberté. Il défend cependant que l'on fasse aucune poursuite, en vertu des lois précédentes. Cet édit était du quatorzième des calendes de mars, c'est-à-dire du seizième de février 411, en sorte que les quatre mois, à la rigueur, échéaient le seizième de mai ; mais par indulgence il donnait jusqu'au premier de juin. Les évêques donatistes se rendirent à Carthage au plus grand nombre qu'ils purent, pour montrer que les catholiques avaient tort de leur reprocher leur petit nombre. La lettre que chacun de leurs primats envoya, selon la coutume, à ceux de sa province, et que l'on nommait *Tractoria*, portait que, toutes affaires cessant, ils se rendissent à Carthage en diligence, pour ne pas perdre le plus grand avantage de leur cause. En effet, tous y vinrent, excepté ceux que la maladie ou l'extrême vieillesse retint chez eux, ou arrêta en chemin ; et ils se trouvèrent environ deux cent soixante et dix. Ils entrèrent à Carthage le dix-huitième de mai, en corps et en procession, en sorte qu'ils attirèrent les yeux de toute la ville : les évêques catholiques entrèrent sans pompe et sans éclat, mais au nombre de deux cent quatre-vingt-six. Quand ils furent tous arrivés, Marcellin publia une seconde ordonnance, où il avertit les évêques d'en choisir sept de chaque côté pour conférer, et sept autres pour leur servir de conseil en cas de besoin, à la charge de garder le silence, tandis que les premiers parleraient. Le lieu de la conférence, ajoute-t-il, sera les thermes Gargiliennes. Aucun du peuple, ni même aucun autre évêque n'y viendra, pour éviter le tumulte. Mais avant le jour de la conférence tous les évêques de l'un et de l'autre parti promettront par leurs lettres, avec leurs souscriptions, de ratifier tout ce qui aura été fait par leurs sept députés. Les évêques avertiront le peuple, dans leurs sermons, de se tenir en repos et en silence. Je publierai ma sentence, et l'exposerai au jugement de tout le peuple de Carthage : je publierai même tous les actes de la conférence, et, pour plus grande sûreté, je souscrirai le premier à toutes mes paroles, et tous les commissaires souscriront de même aux leurs, afin que personne ne puisse nier ce qu'il aura dit (1). »

Pour plus de sûreté encore, Marcellin choisit, dans chaque parti, quatre évêques chargés de surveiller la rédaction des actes de la conférence. Puis, il s'occupa de maintenir à Carthage la tranquillité publique. L'affluence des étrangers devait être grande alors dans cette ville déjà si populeuse; toutefois rien n'indique que des désordres y aient éclaté. Les évêques exhortèrent le peuple à la modération et à la paix, mais nul, il faut le croire, n'exerça plus d'autorité sur la foule que saint Augustin. Dans ces circonstances solennelles l'évêque d'Hippone était accouru pour donner à l'Église dont il était déjà depuis longtemps un des plus fermes soutiens, l'appui de son érudition, de son éloquence et de son nom. Quand on eut réglé l'ordre de la conférence, les catholiques le mirent au nombre de leurs sept commissaires, lui adjoignant ses amis les plus chers : Alypius de Tagaste, Possidius de Calame et Aurelius de Carthage.

(1) Fleury; *Hist. ecclés.*, t. V, p. 317, 320 et 321.

Enfin, le moment de comparaître et de discuter arriva. Alors les donatistes, qui se défiaient de Marcellin et de ses vingt assesseurs laïques, et qui se croyaient sans doute condamnés à l'avance, élevèrent difficultés sur difficultés pour arrêter la conférence. D'abord Petilien de Cirta contesta au délégué impérial le droit de siéger dans une réunion d'évêques et de décider dans une question purement religieuse. Puis, les prélats donatistes demandèrent à assister à la discussion, non plus au nombre fixé par Marcellin, mais en corps. Ces débats préliminaires durèrent longtemps, il est vrai, mais ils ne firent pas perdre de vue aux catholiques le but qu'ils s'étaient proposé. Ils entamèrent la discussion; ils parlèrent du schisme en général; ensuite ils abordèrent la question de fait depuis un siècle controversée qui concernait Cécilien et son élection. On lit dans les documents contemporains que les donatistes ne purent répondre aux arguments de leurs adversaires. « Enfin le tribun Marcellin dit : Si vous n'avez rien à dire au contraire, trouvez bon de sortir, afin que l'on puisse écrire la sentence qui prononce sur tous les chefs. Ils se retirèrent de part et d'autre; Marcellin dressa la sentence, et ayant fait rentrer les parties, il leur en fit la lecture. Il était déjà nuit, et cette action finit aux flambeaux quoiqu'elle eût commencé dès le point du jour, et que ce fut le huitième de juin. Aussi les actes en étaient très-longs, et contenaient cinq cent quatre-vingt-sept articles. Il nous en reste deux cent quatre-vingt-un, c'est-à-dire jusques à l'endroit où saint Augustin commençait à traiter la cause générale de l'Église. On a perdu le reste, qui contenait plusieurs actes importants et curieux; mais saint Augustin nous en a conservé la substance et nous avons la table entière des articles, dressée par un officier nommé Marcel, à la prière de Severien et de Julien. La sentence du tribun Marcellin ne fut proposée en public que le vingt-sixième de juin. Il y déclare que comme personne ne doit être condamné pour la faute d'autrui, les crimes de Cécilien, quand même ils auraient été prouvés, n'auraient porté aucun préjudice à l'Église universelle;

qu'il était prouvé que Dona était l'auteur du schisme ; que Cécilien et son ordinateur Félix d'Aptonge avaient été pleinement justifiés. Après cet exposé, il ordonne aux magistrats, aux propriétaires et locataires des terres d'empêcher les assemblées des donatistes dans les villes et en tous lieux ; et à ceux-ci de délivrer aux catholiques les églises qu'il leur avait accordées pendant sa commission ; que tous les donatistes qui ne voudront pas se réunir à l'Église, demeureront sujets à toutes les peines des lois, et que pour cet effet tous leurs évêques se retireront incessamment chez eux ; enfin, que les terres où l'on retire des troupes de circoncellions seront confisquées. Ces actes de la conférence furent rendus publics, et on les lisait tous les ans tout entiers dans l'Église à Carthage, à Tagaste, à Constantine, à Hippone et dans plusieurs autres lieux ; et cela pendant le carême, lorsque le jeûne donnait au peuple plus de loisir d'entendre cette lecture. Toutefois, il y avait peu de gens qui eussent la patience de les lire en particulier, à cause de leur longueur et des chicanes dont les donatistes avaient affecté de les charger. C'est ce qui obligea saint Augustin d'en faire un abrégé, qui en comprend toute la substance ; et il y avait ajouté des nombres, pour avoir facilement recours aux actes mêmes. Les donatistes se déclarèrent appelants de la sentence de Marcellin, sous prétexte qu'elle avait été rendue de nuit et que les catholiques l'avaient corrompu par argent : ce qu'ils avançaient au hasard sans aucune preuve. Ils disaient aussi que Marcellin ne leur avait pas permis de dire tout ce qu'ils voulaient, et qu'il les avait tenus enfermés dans le lieu de la conférence, comme dans une prison. Mais saint Augustin réfuta ces calomnies par un traité qu'il fit ensuite, adressé aux donatistes laïques, où il releva tous les avantages que l'Église catholique avait tirés de la conférence, les efforts que les donatistes avaient faits pour éviter qu'elle ne se tînt ; les chicanes dont ils avaient usé pour ne point entrer en matière ; les plaintes qu'ils avaient répétées deux fois, qu'on les y faisait entrer malgré eux ; enfin ce mot important qui leur était échappé, qu'une affaire, ni une personne ne fait point de préjugé contre une autre. Cependant le tribun Marcellin ayant fait son rapport à l'empereur Honorius de ce qui s'était passé dans la conférence, et les donatistes ayant appelé devant lui, il y eut une loi donnée à Ravenne, le troisième des calendes de février, sous le neuvième consulat d'Honorius et le cinquième de Théodose, c'est-à-dire le troisième de janvier 412, qui, cassant tous les rescrits que les donatistes pouvaient avoir obtenus, et confirmant toutes les anciennes lois faites contre eux, les condamne à de grosses amendes, suivant leur condition, depuis les personnes illustres jusqu'au simple peuple, et les esclaves à punition corporelle ; ordonne que leurs clercs seront bannis d'Afrique et de toutes les églises rendues aux catholiques. La conférence fut le coup mortel du schisme des donatistes ; et depuis ce temps ils vinrent en foule se réunir à l'Église, c'est-à-dire les évêques avec les peuples entiers (1). »

En effet, la masse des schismatiques, suivant la remarque de Fleury et de quelques autres historiens, revint à l'Église catholique. Mais cette conversion, œuvre de la force, n'était point sincère. Les donatistes voulaient, avant tout, échapper aux amendes, à l'expropriation, à l'exil, à tous les châtiments enfin prononcés par l'édit d'Honorius contre ceux qui persévéraient dans le schisme. Ils conservaient sous les dehors d'une apparente soumission un vif ressentiment de leur défaite. Ils le montrèrent bientôt. Deux ans à peine s'étaient écoulés depuis la conférence de Carthage, qu'ils profitèrent de la rébellion du comte Héraclien et des désordres qui la suivirent pour se venger. Ils s'attachèrent surtout à perdre le tribun Marcellin, le plus implacable de leurs ennemis. Ils le firent décapiter avec son frère. Quand le pouvoir impérial se fut raffermi en Afrique, ils cédèrent et se soumirent de nouveau. Ils vécurent ainsi, cachant leur haine, jusqu'en l'année 429, où l'invasion des barbares leur offrit l'occasion d'exercer sur les catholiques de nouvelles vengeances.

OPINIONS DE SAINT AUGUSTIN SUR

(1) Fleury; *Hist. ecclés.*, t. V, p. 345 et suiv.

L'INTERVENTION DU POUVOIR TEMPOREL DANS LES AFFAIRES DU SCHISME. — Saint Augustin montra à tous les instants de la lutte qu'il eut à soutenir contre les donatistes, de la modération, de la douceur et de la charité; plus d'une fois, cependant, il se laissa entraîner par les passions de son parti et de son temps. Sa polémique fut alors dure et violente; il demanda et en même temps déclara légitime l'intervention du pouvoir temporel dans les affaires religieuses, et il invoqua la persécution. Mais, nous le répétons, l'esprit de charité domina toujours dans saint Augustin. Au moment même où il se réjouissait de la sentence portée par le tribun Marcellin et de l'édit d'Honorius, où les officiers impériaux sévissaient avec rigueur contre les donatistes, son âme s'attendrit, la douceur l'emporta sur la passion, et comme le prouve le fait que nous allons raconter, il devint le protecteur des persécutés. A Hippone, les donatistes étaient nombreux. Après la conférence de Carthage ils se soulevèrent et se portèrent à de graves excès; ils tuèrent un prêtre catholique appelé Restitut et en blessèrent un autre. Les coupables furent jetés en prison, battus de verges, conduits enfin devant les magistrats impériaux. Ce fut alors que saint Augustin écrivit aux juges Marcellin et Apringius deux lettres où l'on trouve les passages suivants :

« J'ai appris, dit-il à Marcellin, que
« ces circoncellions et ces clercs du parti
« donatiste, que l'autorité publique avait
« transférés de la juridiction d'Hippone
« à votre tribunal, avaient été enten-
« dus par votre excellence, et que la plu-
« part d'entre eux avaient avoué l'homi-
« cide qu'ils avaient commis sur le prê-
« tre catholique Restitut et les blessures
« qu'ils ont faites à Innocent, prêtre
« catholique, en lui crevant un œil et en
« lui coupant un doigt. Cela m'a jeté
« dans une grande inquiétude que votre
« excellence ne veuille les punir avec
« toute la rigueur des lois, en leur fai-
« sant souffrir ce qu'ils ont fait. Aussi,
« j'invoque par cette lettre la foi que
« vous avez en Jésus-Christ; et, au nom
« de sa divine miséricorde, je vous
« conjure de ne point faire cela, et de
« ne point permettre qu'on le fasse. Quoi-
« que nous puissions en effet paraître
« étrangers à la mort de ces hommes qui
« sont soumis à votre jugement, non sur
« notre accusation, mais sur l'avis de
« ceux auxquels est confié le soin de la
« paix publique, nous ne voulons pas
« que les souffrances des serviteurs de
« Dieu soient vengées, d'après la loi du
« talion, par des supplices semblables.
« Non que nous voulions empêcher qu'on
« ôte aux hommes coupables le moyen
« de mal faire; mais nous souhaitons
« que ces hommes, sans perdre la vie, et
« sans être mutilés en aucune partie de
« leur corps, soient, par la surveillance
« des lois, ramenés, d'un égarement fu-
« rieux, au calme du bon sens, ou dé-
« tournés d'une énergie malfaisante,
« pour être employés à quelque travail
« utile. Cela même est encore une con-
« damnation; mais peut-on ne pas y
« trouver un bienfait plutôt qu'un sup-
« plice, puisqu'en ne laissant plus de
« place à l'audace du crime, elle permet
« le remède du repentir? Juge chrétien
« remplis le devoir d'un père tendre;
« dans ta colère contre le crime, sou-
« viens-toi cependant d'être favorable
« à l'humanité; et en punissant les at-
« tentats des pécheurs, n'exerce pas
« toi-même la passion de la vengeance. »
Augustin terminait cette lettre touchante par des raisons prises dans l'intérêt du christianisme, et qui lui commandaient la douceur : « J'atteste, di-
« sait-il, que cela seul est utile, est
« salutaire à l'Église catholique; ou, pour
« ne point paraître sortir de ma juridic-
« tion, je l'atteste du moins, de l'église
« d'Hippone. Si tu ne veux pas écouter
« la prière d'un ami, écoute le conseil
« d'un évêque. » La lettre qu'il adressait au proconsul Apringius était non moins expressive : « Épargne, lui disait-
« il, ces coupables convaincus; laisse-leur
« la vie et le temps du repentir (1). »

Rapprochons encore de ces paroles les opinions pleines de tolérance et de douceur que saint Augustin professa, à diverses époques, soit dans les livres, soit dans les discours qu'il adressa aux fidèles de son Église : « L'homme n'a pas été doué de la faculté de prévoir infaili-

(1) M. Villemain ; *de l'Éloquence chrétienne dans le quatrième siècle.* Voy. *Mélanges littéraires,* p. 471 et suiv.

blement ce que penseront, dans la suite des temps, ceux de ses semblables qu'il juge être actuellement dans l'erreur; il ne sait pas jusqu'à quel point les fautes des méchants contribuent au perfectionnement des bons. Il faut donc bien se garder d'ôter la vie à ceux-là; car voulant tuer des méchants, on ne ferait souvent que tuer ceux qui sont destinés à rentrer dans la bonne voie, ou bien on nuirait aux bons, auxquels, quoique malgré eux, les méchants sont utiles. On ne peut porter de jugement fondé et équitable sur les hommes qu'à la fin de leur vie, lorsqu'il n'y a plus possibilité, ni de changer de conduite, ni de servir la cause de la vérité par la comparaison de l'erreur. Mais ce jugement, il n'est donné qu'aux anges de le porter, et non aux hommes...... Reste bon et souffre les méchants. Il vaut mieux, demeurant dans le sein de l'Église, supporter les méchants à cause des bons, que de s'exposer à s'en séparer, abandonnant et les bons et les méchants. S'il y a avec toi des bêtes féroces, c'est-à-dire s'il y a avec toi dans l'Église des apôtres de doctrines erronées, de faux croyants, hérétiques ou schismatiques, ou mauvais catholiques, cherchant, comme les bêtes féroces, à dévorer les âmes, qu'elles soient tolérées jusqu'à la fin des siècles...... Tolère; tu es né pour cela : tolère, car tu as probablement aussi besoin d'indulgence. Si tu as toujours été bon, montre-toi miséricordieux; si tu as commis des fautes, n'en perds pas la mémoire. Il faut souffrir l'ivraie dans le bon grain, les boucs entre les chevreaux, les béliers entre les moutons. Ce mélange aura un terme, et le temps de la moisson viendra...... Sois bon, et prends le mal en patience. Sois bon intérieurement; car si tu ne l'es pas de cette manière, tu ne peux pas te vanter de l'être. Quand tu seras bon intérieurement, tu supporteras celui qui est méchant intérieurement et extérieurement. Tolère l'hérétique déclaré, tolère le païen, tolère le Juif, tolère enfin le mauvais chrétien caché. » Ce sont là de grands et généreux sentiments que de nos jours les ennemis les plus ardents de l'Église catholique ont loués et admirés (1). En lisant les lignes que nous

(1) Voy. M. de Potter; *Histoire philosophi-*

venons de transcrire, on oublie volontiers que parfois, dans l'ardeur de la lutte, saint Augustin se laissa emporter jusqu'à prêcher l'intolérance.

LE PÉLAGIANISME EN AFRIQUE. — L'Église catholique en Afrique venait à peine de triompher du schisme qu'elle fut exposée à un nouveau danger. C'était l'hérésie, cette fois, qui devait la diviser.

Au commencement du cinquième siècle, deux hommes originaires de la Grande-Bretagne, Pélage et Célestius se mirent à sonder, soit dans la méditation, soit dans leurs entretiens, les questions les plus graves et les plus difficiles qui aient jamais agité l'esprit humain. Ce fut, dit-on, un certain Rufin, venu de Syrie, qui leur donna l'impulsion et leur fournit quelques-unes de leurs solutions. Ils vivaient alors à Rome, où ils arrêtèrent leur doctrine. Ils s'étaient demandé : Dieu intervient-il dans nos actes? Sommes-nous libres d'accomplir, à notre gré, le bien et le mal? Est-ce Dieu qui veut pour nous, et ne sommes-nous que des instruments dont les mouvements sont prévus et réglés à l'avance ? Si, disaient-ils, nous ne pouvons nous déterminer par nous-mêmes, nous ne sommes point responsables du bien et du mal que nous faisons; nous ne méritons ni ne démérions. — Ces raisonnements les conduisirent peu à peu à rejeter la grâce divine, sans laquelle, suivant l'Église, l'homme ne peut rien, et à rapporter exclusivement, dans chacun de nos actes, le bien et le mal à la faculté que nous avons de nous déterminer par nous-mêmes, à notre libre arbitre.

Pélage et Célestius quittèrent Rome vers 409, pour aller en Sicile : de là ils passèrent en Afrique. Ils s'arrêtèrent d'abord à Hippone (410); puis, ils se

que, etc., du Christianisme, t. II, p. 150. — Nous devons ajouter ici que parmi les écrivains ecclésiastiques, plusieurs, aujourd'hui même, semblent approuver les pages où saint Augustin, parlant de l'intervention du pouvoir temporel dans le schisme des donatistes, admet la persécution comme moyen légitime de répression. Les doctrines de ces écrivains ne sont point de notre siècle, et ne portent pas l'empreinte du véritable esprit chrétien. D'ailleurs, comme nous venons de le voir, elles sont condamnées par saint Augustin lui-même.

rendirent à Carthage. C'est de là que partit Pélage pour aller dans la Palestine. Célestius était resté dans la capitale de l'Afrique pour y propager la nouvelle doctrine. C'était, s'il faut en croire ses contemporains, un homme plus audacieux encore que Pélage. Il ne reculait devant aucune des conséquences de son système; et bientôt on le vit repousser, comme contraire à la théorie du libre arbitre, la croyance au péché originel et nier la nécessité du baptême et de la rédemption.

L'Église d'Afrique s'alarma des progrès de l'hérésie, et un concile convoqué à Carthage (412) condamna Célestius. Le pélagianisme, comme on l'apprend par l'acte d'accusation qui fut dressé alors, attaqua, dès son début, les doctrines de l'Église catholique avec une singulière hardiesse. On reprochait à Célestius d'avoir dit : « 1° qu'Adam avait été créé sujet à la mort ; 2° que son péché n'avait nui qu'à lui et ne s'était pas communiqué à sa race, ce qui détruisait la croyance du péché originel ; 3° que les enfants en naissant sont dans le même état où était Adam avant son péché ; 4° que le péché d'Adam n'est pas la cause de la mort de tout le genre humain, non plus que la résurrection de Jésus-Christ la cause de la résurrection de tous les hommes ; 5° que la loi naturelle conduit au royaume des cieux comme l'Evangile ; 6° que même avant la venue de Jésus-Christ, il y avait des hommes impeccables, c'est-à-dire sans péché ; 7° que les morts sans baptême ont la vie éternelle. » Après sa condamnation Célestius se retira en Asie (1).

SAINT AUGUSTIN COMBAT LES PÉLAGIENS ; CONCILE ; RAPPORTS DES ÉGLISES D'AFRIQUE AVEC L'ÉGLISE DE ROME. — Le concile de Carthage n'avait point arrêté les progrès de l'hérésie : le pélagianisme pénétrait en tous lieux. Alors, pour conjurer ce pressant danger, les docteurs les plus illustres de l'Église catholique se mirent à l'œuvre. Pour eux la théorie du libre arbitre, telle que la formulaient Pélage et ses disciples, était un excès de l'orgueil humain. Prétendre que l'homme avait la faculté de vouloir, de se déterminer, indépendamment de toute influence supérieure, et conclure, de là, que sans l'assistance de Dieu, il pouvait, suivant qu'il faisait un bon ou mauvais usage de son libre arbitre, mériter ou démériter, n'était-ce point enlever à Dieu une partie de sa toute-puissance, égaler en quelque sorte l'homme à Dieu ? n'était-ce point comme le disait saint Jérôme, renouveler la tentative des anges rebelles ? Aux yeux des défenseurs de la foi catholique, pour employer l'énergique expression d'un écrivain moderne, *Satan aussi avait été pélagien* (1).

Après avoir hésité quelque temps, saint Augustin se lança avec ardeur dans la discussion. Il n'essaya point de transiger, de concilier la liberté avec la grâce ; il s'avança aussi loin dans la théorie de la grâce que Pélage dans celle de la liberté.

« De toutes les doctrines psychologiques de saint Augustin, la plus digne d'attention est celle qu'il a émise sur la nature du libre arbitre. Les rapports étroits qui existent entre cette question et celle de la grâce, et l'autorité dont jouit l'évêque d'Hippone dans l'Église, principalement à cause de la manière dont il a combattu les pélagiens, donnent une importance particulière à ce qu'il a écrit sur cet objet. Le traité du *Libre Arbitre*, divisé en trois livres, fut achevé par saint Augustin en 395, vingt-deux ans, par conséquent, avant la condamnation de Pélage par le pape Innocent Ier, en 417. Il était dirigé contre les manichéens, qui affaiblissaient la liberté en soumettant l'homme à l'action d'un principe du mal, égal en puissance au principe du bien. Il était naturel que, pour combattre avec succès de pareils adversaires, saint Augustin accordât le plus possible au libre arbitre. Aussi voit-on, par une lettre adressée à Marcellin, en 412, qu'il n'est pas sans crainte que les pélagiens ne s'autorisent de ses livres composés longtemps avant qu'il fût question de leur erreur. La philos-

(1) Nous ne pouvons, dans ce résumé rapide, traiter avec quelque étendue la question du pélagianisme. Nous renvoyons sur ce point aux diverses histoires de l'Église. Il est inutile, suivant nous, de signaler ici, parce qu'elles sont connues de tous, les pages qui ont été écrites de nos jours sur ce grave sujet par MM. Guizot et J. J. Ampère.

(1) Rohrbacher ; *Hist. univers. de l'Église catholique*, t. VII, p. 504.

phie ne peut donc rester indifférente au désir d'étudier de quelle manière l'auteur du traité du *Libre Arbitre* a pu se retrouver plus tard le défenseur exclusif de la grâce, et concilier les principes philosophiques avec les données de la révélation. Nous ne pouvons toutefois, sur ce point, présenter que de courtes explications. Dans ses livres sur le *Libre Arbitre*, saint Augustin reconnaît que le fondement de la liberté est dans le principe même de nos déterminations volontaires. Le point de départ de tout acte moral humain est l'homme lui seul, considéré dans la faculté qu'il a de se déterminer sans l'intervention d'aucun élément étranger (de Lib. Arb., lib. III, c. 2). Dans sa manière de définir le libre arbitre, le mérite de la bonne action appartient à l'homme ; rien n'a agi sur sa volonté en un sens ou en un autre; sa détermination est parfaitement libre. Saint Augustin a-t-il maintenu ces principes dans sa controverse contre Pélage? Une étude plus attentive des saintes Écritures, et principalement de saint Paul, ne lui a-t-elle pas fait modifier sa manière de voir? L'examen philosophique de ses écrits ne nous semble laisser au critique impartial aucun doute à cet égard (1). » Au moment où parut le pélagianisme, saint Augustin avait déjà modifié ses premières opinions sur le libre arbitre. Dès l'année 398, comme nous l'avons dit, dans une lettre adressée à Simplicien, et à propos de ce texte de Saint Paul : *Qu'avez-vous que vous n'ayez reçu?* il avait amoindri, si nous pouvons nous servir de cette expression, le libre arbitre pour exalter la grâce. Sa lutte contre Pélage et Célestius ne fit que rendre ses opinions plus absolues. Dès lors dans ses conversations, ses sermons, ses ouvrages (*du Mérite et de la rémission des péchés; de la Grâce du Nouveau Testament; de l'Esprit et de la lettre; Traité de la nature et de la grâce; de la Perfection de la justice de l'homme; Lettre à Hilaire en Sicile*), il affirme que l'homme ne veut et ne peut que par Dieu, et si parfois il parle encore du libre arbitre, il déclare que ce libre arbitre est dans la dépendance d'un pouvoir supérieur, qu'il est complètement subordonné à la grâce.

L'opinion de saint Augustin fut adoptée par l'Église d'Afrique. En 416, les évêques de cette Église tinrent deux conciles, l'un à Carthage, l'autre à Milève, où ils condamnèrent Pélage et Célestius. Puis, ils s'adressèrent au pape Innocent qui, en 417, donna son adhésion à la sentence qu'ils avaient prononcée. Mais on put craindre un instant (418) que Zozime, successeur d'Innocent, n'approuvât, comme l'avaient déjà fait avant lui les évêques d'Orient, rassemblés à Diospolis, quelques-unes des opinions du pélagianisme. Sa conduite pleine de modération à l'égard de Pélage et de Célestius excita en Afrique de vives appréhensions. Les évêques se rassemblèrent de nouveau à Carthage, en 418, et là ils confirmèrent en quelque sorte, par une nouvelle condamnation de l'hérésie, leurs premières décisions. La sentence qu'ils prononcèrent nous fait connaître les hardies conséquences que les pélagiens avaient tirées de leur théorie du libre arbitre. « Quiconque dira qu'Adam a été fait mortel, en sorte que, soit qu'il péchât ou qu'il ne péchât point, il dût mourir, c'est-à-dire sortir du corps, non par le mérite de son péché, mais par la nécessité de sa nature; qu'il soit anathème! Quiconque dit qu'il ne faut pas baptiser les enfants nouveau-nés; ou que, bien qu'on les baptise pour la rémission des péchés, ils ne tirent d'Adam aucun péché originel qui doive être expié par la régénération, d'où s'ensuit que la forme du baptême pour la rémission des péchés est fausse à leur égard; qu'il soit anathème! Quiconque dira que la grâce de Dieu qui nous justifie par Jésus-Christ, ne sert que pour la rémission des péchés déjà commis, et non pour nous aider encore à n'en plus commettre; qu'il soit anathème! Si quelqu'un dit que la même grâce nous aide à ne point pécher seulement en ce qu'elle nous ouvre l'intelligence des commandements, afin que nous sachions ce que nous devons chercher et ce que nous devons éviter; mais qu'elle ne nous

---

(1) Voy. *Dictionnaire des Sciences philosophiques* par une société de professeurs de philosophie: art. *Saint Augustin*; t. I, p. 257 ; Paris, 1844.

donne pas d'aimer encore et de pouvoir ce que nous devons faire; qu'il soit anathème! Quiconque dira que la grâce de la justification nous est donnée, afin que nous puissions accomplir plus facilement par la grâce ce qu'il nous est ordonné de faire par le libre arbitre, comme si, sans recevoir la grâce, nous pouvions accomplir les commandements de Dieu, quoique difficilement; qu'il soit anathème! » A Rome, Zozime s'était enfin prononcé, et il avait condamné les pélagiens. On ne se contenta plus alors, pour ramener les hérésiarques, des censures ecclésiastiques; on eut recours au pouvoir temporel, à la rigueur des lois. Nul, suivant saint Augustin, ne fut plus ardent dans cette persécution que le prêtre Sixte, qui occupa plus tard la chaire de Saint-Pierre. Honorius fit un édit qui bannissait de Rome Pélage et Célestius, qui organisait contre leurs adhérents un système de délation, qui punissait enfin, dans toute l'étendue de l'empire d'Occident, de l'exil et de l'expropriation, ceux qui étaient convaincus de pélagianisme. Toutefois, au temps même de la persécution, l'hérésie trouva des défenseurs. Le plus célèbre de tous est Julien, évêque d'Éclane. Il attaqua saint Augustin à propos du livre intitulé du *Mariage et de la concupiscence*. Dès lors s'engagea entre eux, par écrit, une lutte qui ne devait avoir pour terme que la mort de l'illustre évêque d'Hippone.

Il y avait eu sur la question du pélagianisme dissentiment entre les évêques africains et le pape Zozime (1). Mais ce dissentiment, comme nous l'avons dit, n'avait pas été de longue durée. Plus tard, l'intervention de l'Église de Rome dans les affaires de l'Afrique devait amener un nouveau désaccord. Il éclata au temps de saint Boniface et de saint Célestin. Les évêques d'Afrique refusèrent, en deux circonstances, d'accepter les instructions qui leur venaient d'Italie. Le prêtre Apiarius, et plus tard, l'évêque Antoine avaient été condamnés, pour leur scandaleuse conduite, par les évêques africains. Ils ne vou-

(1) Indépendamment des écrivains catholiques, voyez sur ce dissentiment : Leydecker; *de Libertate Ecclesiæ africanæ*, p. 523 et suiv.

lurent point se soumettre a cette condamnation. Ils s'adressèrent à l'Église de Rome qui, prêtant l'oreille à leurs prières, essaya de les imposer à ceux qui les avaient rejetés. Les évêques d'Afrique protestèrent contre cette intervention qui tendait à infirmer leurs décisions et à amoindrir leur autorité. Ils l'emportèrent; et le jugement qui avait condamné Apiarius et Antoine fut maintenu (1).

SEMI-PÉLAGIENS; DERNIERS TRAVAUX DE SAINT AUGUSTIN. — Comme nous l'avons dit, l'opinion de saint Augustin sur la grâce était celle de l'Église catholique. Toutefois, il y avait dans cette opinion quelque chose de si absolu il fallait tellement, pour l'embrasser, sacrifier la raison à la foi, que des hommes jusqu'alors fermement attachés aux dogmes de l'Église se sentirent ébranlés. Il se fit chez eux une réaction : ils se demandèrent si saint Augustin n'était point tombé dans l'erreur en immolant d'une manière absolue le libre arbitre à la grâce, en l'annihilant, et conséquemment en détruisant la responsabilité humaine. Ils cherchèrent alors un système de conciliation.

Le mouvement se fit d'abord sentir en Afrique. Quelques moines d'Adrumet s'élevèrent contre un écrit où saint Augustin anéantissait, suivant eux, le libre arbitre. L'évêque d'Hippone se hâta de leur répondre par deux ouvrages (*de la Grâce et du libre arbitre; de la Correction et de la grâce*). Cette fois, il sembla transiger, et fit, si nous pouvons nous servir de cette expression, quelques concessions au libre abitre.

Il y avait aussi en Gaule des hommes éminents qui n'admettaient pas dans toutes ses parties le système de saint Augustin. Parmi eux se trouvaient saint Hilaire d'Arles et Cassien. Celui-ci, dans des conférences spirituelles qu'il écrivit, vers 426, pour ses moines de Marseille, essaya de concilier le libre arbitre avec la grâce. Il ne porta pas atteinte, comme les pélagiens, aux dogmes de l'Église catholique; seulement il prétendit que le

(1) Voy. sur les rapports de l'Église d'Afrique avec celle de Rome et sur les désaccords que nous venons d'indiquer : Fleury ; *Hist. ecclésiast.*, t. V, p. 494, 515, 527, 579, 580 et 582; et Rohrbacher ; *Hist. univers. de l'Église cathol.*, t. VII, p. 548, 552 et suiv.; 568, 577 et suiv.

libre arbitre était nécessaire pour l'accomplissement du bien, nécessaire comme la grâce. Il alla plus loin encore : il déclara que la grâce était donnée par Dieu à ceux qui l'avaient méritée, à ceux qui d'abord avaient voulu le bien par eux-mêmes en vertu de leurs propres déterminations. Ainsi, suivant Cassien, le libre arbitre était le principe de la grâce.

Ce nouveau système agita vivement les esprits. Les uns l'embrassèrent hardiment (ce furent les semi-pélagiens); d'autres, assaillis par le doute et plus timides, voulurent, avant tout, prendre conseil de celui qui, dans la grande querelle suscitée par Pélage, avait été l'interprète de l'Église catholique. Ils s'adressèrent donc à saint Augustin. L'évêque d'Hippone ne refusa point d'entrer dans une nouvelle discussion.

Il poussa alors jusqu'à ses dernières conséquences la doctrine de la grâce. Dans ses deux livres *de la Prédestination des Saints* (1) qu'il adressa à Prosper et à Hilaire, il admet sans réserve et dans le sens le plus illimité, en vertu de son principe de la grâce qu'il s'efforçait d'établir, la prescience divine et la prédestination. Aux semi-pélagiens, qui lui objectaient que, dans un pareil système, on devait rejeter nécessairement comme inutiles la prédication, les exhortations, toute pénalité, il répondait : « Il est vrai qu'il faut user de discrétion en prêchant au peuple cette doctrine; et ne pas dire : La prédestination de Dieu est absolument certaine, en sorte que vous êtes venus à la foi, vous qui avez reçu la volonté d'obéir, et vous autres demeurez attachés au péché, parce que vous n'avez pas encore reçu la grâce pour vous en relever. Mais si vous êtes prédestinés, vous recevrez la même grâce, et vous autres, si vous êtes réprouvés, vous cesserez d'obéir. Quoique tout cela soit vrai dans le fond et à le bien prendre, la manière de le dire avec dureté et sans ménagement, le rend insupportable. Il faut plutôt dire : La prédestination certaine vous a amenés de l'infidélité à la foi, et vous y fera persévérer. Si vous êtes encore attachés à vos péchés, recevez les instructions salutaires, sans toutefois vous en élever ; car c'est Dieu qui opère en vous de vouloir et de faire, et si quelques-uns ne sont pas encore appelés, prions Dieu qu'il les appelle, car peut-être ils sont prédestinés. Quant aux réprouvés, il ne faut jamais en parler qu'en tierce personne, en disant, par exemple : « Si quelques-uns obéissent maintenant, et ne sont pas prédestinés, ils ne sont que pour un temps, et ne demeureront pas dans l'obéissance jusques à la fin. Surtout il faut exhorter les moins pénétrants à laisser les disputes aux savants (1). » Pour avoir trop accordé à la grâce, saint Augustin, on ne saurait le dissimuler, arrivait au fatalisme.

Il semble que saint Augustin ait été absorbé tout entier, dans les dernières années de sa vie par sa lutte contre le pélagianisme. Il n'en est rien pourtant. Pendant les discussions les plus vives, il trouvait encore du temps pour écrire sur mille sujets divers. Il répondait souvent, par de longues lettres, à tous ceux qui lui proposaient des difficultés à résoudre ou lui demandaient des conseils. Il composait son *Enchiridion;* un petit livre adressé à saint Paulin de Nole, *sur la piété envers les morts* et son *traité contre le mensonge.* Il reproduisait aussi par écrit sa conférence avec l'évêque arien Maxime et rédigeait ses *Rétractations.* Sur la fin de sa vie, cédant aux prières de Quodvultdeus, qui fut plus tard évêque de Carthage, il promit d'écrire une histoire des hérésies. Il ne recula point devant les difficultés que présentait un semblable travail. « Il exécuta sa promesse, dit Fleury, et envoya quelque temps après à Quodvultdeus un traité des hérésies où il en compte quatre-vingt-huit commençant aux simoniens et finissant aux pélagiens. Il ne prétend pas toutefois avoir connu toutes les hérésies, puisqu'il y en a de si obscures qu'elles échappent aux plus curieux; ni avoir expliqué tous les dogmes des hérétiques qu'il a nommés, puisqu'il y en a que plusieurs d'entre eux ignorent. A ce premier livre, il prétendait en joindre un second, où il donnerait des règles pour connaître ce qui fait l'hérétique et se garantir de toutes les hérésies connues et inconnues; mais la mort qui le prévint ne lui permit pas

(1) Le second livre a un titre particulier : du *Don de la Persévérance.*

(1) Traduction de Fleury.

d'exécuter cette seconde partie (1). »

L'INVASION DES VANDALES; MORT DE SAINT AUGUSTIN; SOUFFRANCES DE L'AFRIQUE CHRÉTIENNE — En 426, saint Augustin avait désigné, avec l'assentiment du peuple d'Hippone, le prêtre Héraclius pour son successeur. Il lui avait confié, en partie, l'administration de son Église et s'était ménagé ainsi quelques instants de silence et de recueillement. Mais il ne jouit pas longtemps du calme qu'il avait cherché. L'invasion des Vandales en Afrique ne devait pas tarder à troubler sa retraite et à remplir d'amertume ses derniers jours.

Nous avons dit ailleurs, avec quelque étendue, comment et par quelles causes les Vandales se précipitèrent sur l'Afrique (1). Genséric, appelé par le comte Boniface, quitta l'Espagne et, passant la mer, aborda, au mois de mai de l'année 429, sur les côtes de la Mauritanie. D'abord il conquit et ravagea tout le pays compris entre l'Océan et l'Ampsaga. Puis, quand Boniface, réconcilié avec Placidie, rejeta l'alliance des barbares pour redevenir le défenseur de l'empire, le chef vandale poussa vers l'est et se jeta sur la Numidie.

A la nouvelle des désastres qui étaient venus fondre sur l'Afrique, saint Augustin dut se repentir amèrement d'avoir quelquefois, au moment des discordes religieuses, appelé sur les ennemis de sa doctrine la rigueur des lois et la persécution. Les donatistes, en effet, poussés au désespoir par les édits d'Honorius, n'avaient pas hésité à se lever en masse pour prêter aide et appui, en haine des catholiques, à la horde barbare qui venait attaquer l'empire. Les manichéens, les pélagiens, les ariens, qui eux aussi étaient proscrits par les lois, avaient suivi l'exemple des donatistes. A ces sectaires s'étaient joints sans doute les hommes, derniers restes de la race punique, qui, en dépit du temps, du christianisme et de la législation impériale, n'avaient pas cessé d'observer, au sein même de Carthage, les pratiques de la religion apportée jadis sur les côtés de l'Afrique par les colons phéniciens. Voilà les puissants auxiliaires que la persécution avait donnés à l'invasion barbare; et ils ne furent pas les seuls que rencontra l'armée vandale. Elle se recruta encore au sein des populations voisines du désert qui n'étaient qu'à moitié chrétiennes, parmi les tribus maures, et même dans les campagnes et les villes romaines. Les uns, guidés par l'appât du gain, accouraient dans le camp de Genséric pour piller et ravager; les autres, propriétaires ruinés, voulaient se dérober à la déplorable condition où les avait précipités, à force d'exigences et de rigueur, la fiscalité romaine.

(1) Nous croyons devoir signaler ici à nos lecteurs l'article *Saint Augustin* publié dans un recueil nouveau que nous avons déjà cité et qui a pour titre : *Dictionnaire des Sciences philosophiques*. On y trouve d'abord la classification suivante : « Parmi les nombreux ouvrages de saint Augustin plusieurs appartiennent plutôt à la philosophie qu'à la théologie; d'autres appartiennent à l'une et à l'autre; d'autres, enfin, sont purement théologiques; nous indiquerons ceux des deux premières classes. Les écrits de saint Augustin à peu près exclusivement philosophiques sont : 1° les trois livres *contre les Académiciens*; 2° le livre *de la Vie heureuse*, 3° les deux livres *de l'Ordre*; 4° le livre *de l'Immortalité de l'âme*; 5° *de la Qualité de l'Ame*; 6° ses quatorze premières Lettres. — Ses écrits mêlés de philosophie et de théologie sont : 1° les *Soliloques*; 2° le livre *du Maître*; 3° les trois livres *du Libre arbitre*; 4° des *Mœurs de l'Église*; 5° *de la Vraie Religion*; 6° *Réponses à quatre-vingt-trois questions*; 7° *Conférence contre Fortunat*; 8° *Trente-trois Disputes contre Fauste et les manichéens*; 9° traité *de la Créance des choses que l'on ne conçoit pas*; 10° les deux livres *Contre le Mensonge*; 11° *Discours sur la Patience*; 12° *de la Cité de Dieu*; 13° les *Confessions*; 14° *Traité de la Nature contre les manichéens*; 15° *de la Trinité*. » L'auteur de l'article résume ensuite les doctrines philosophiques contenues dans ces divers ouvrages. Il divise son résumé en deux parties : d'une part, les idées sur Dieu; de l'autre, les idées sur l'homme. En un mot, il expose, pour employer ses expressions, la *Théodicée* et la *Psychologie* de saint Augustin. Nous renvoyons sur ces points, étrangers à la question qui nous occupe, au recueil que nous signalons. Toutefois, nous devons dire ici que l'auteur de l'article aurait pu trouver encore, en ce qui concerne les doctrines philosophiques de saint Augustin, des renseignements précieux dans plusieurs ouvrages que nous avons cités, et qu'à tort, suivant nous, il exclut de sa liste. Nous ajouterons, en finissant, que nous adoptons sans réserve son opinion sur la *Cité de Dieu*, vantée au delà de ce qu'elle contient, comme il le dit, par des écrivains qui n'en connaissent que le titre ou qui n'en ont lu que de courts fragments. Voy. *Dictionnaire des Sciences philosophiques*, par une société de professeurs de philosophie; art. *Saint Augustin*.

(1) Voyez dans ce volume notre *Histoire de la domination des Vandales en Afrique*, p. 5 et suiv. C'est le complément indispensable, à partir de l'année 429, de notre *Histoire de l'Afrique chrétienne*.

Rien désormais ne pouvait résister, en Afrique aux soldats de Genséric. Boniface essaya en vain de les arrêter. Il fut battu et rejeté dans Hippone. Là se trouvait saint Augustin, qui entendit bientôt retentir à ses oreilles les cris de l'armée barbare. Les maux que souffraient alors l'empire et l'Église lui causèrent une immense douleur, qui sans doute hâta sa mort. Au moment où il ferma les yeux, il ne restait plus, dit un contemporain, des innombrables églises qui couvraient autrefois le pays que celles de Carthage, d'Hippone et de Cirta.

ORGANISATION DE L'ÉGLISE D'AFRIQUE DEPUIS LA FIN DU DEUXIÈME SIÈCLE JUSQU'AU COMMENCEMENT DU CINQUIÈME. — L'Afrique chrétienne et civilisée, suivant l'expression d'un écrivain ecclésiastique, sembla mourir avec saint Augustin. En effet, depuis les rapides conquêtes de Genséric, elle ne fit que languir et décliner. Mais avant d'entrer dans cette période de décadence, portons encore une fois nos regards vers le passé, pour étudier l'organisation de l'Église d'Afrique au temps de sa force et de sa grandeur.

Carthage, nous l'avons dit, fut pour l'Afrique le point de départ des prédications chrétiennes. De Carthage le christianisme se répandit de proche en proche jusqu'aux extrémités de la *Proconsulaire*. Puis, il entreprit la conquête de la *Numidie*. Dans les premiers temps de l'épiscopat de saint Cyprien, l'Église d'Afrique ne possédait que les deux provinces que nous venons d'indiquer. Elle en eut bientôt une troisième, qui fut la *Mauritanie*. Les idées chrétiennes ne s'étaient pas seulement répandues à l'occident de la Proconsulaire, mais encore à l'orient. Elles avaient pénétré dans la *Byzacène* et la *Tripolitaine*, qui formèrent, dès le commencement du quatrième siècle, deux nouvelles provinces ecclésiastiques. Aux cinq que nous avons nommées, il faut joindre une sixième qui fut formée plus tard d'un démembrement de la Mauritanie. Réduire en une seule province la vaste contrée qui s'étend de l'Océan à l'Ampsaga, à une époque où le christianisme l'avait couverte d'évêchés et d'églises, c'eût été rendre bien difficiles l'administration et la surveillance ecclésiastiques. On la divisa donc, comme nous l'avons dit, en deux parties, et ce fut vers la fin du quatrième siècle que l'on vit paraître comme provinces distinctes, la *Mauritanie césarienne* et la *Mauritanie sitifienne*. Peut-être y eut-il, vers cette époque, un autre démembrement, à la suite duquel on forma une septième province de la *Mauritanie tingitane*. Un métropolitain était préposé à chacune des circonscriptions territoriales que nous avons indiquées; le premier de ces métropolitains était l'évêque de Carthage.

Avant l'arrivée des Vandales on voyait dans les villes et les campagnes de l'Afrique des églises et des couvents sans nombre. Carthage seule possédait près de vingt édifices de ce genre (1).

LISTE DES ÉVÊCHÉS DE L'AFRIQUE, AUX IVe ET Ve SIÈCLES. — Mais rien ne saurait nous représent r avec plus de vérité et d'une manière plus frappante l'état florissant de l'Église d'Afrique, dans le quatrième siècle et au commencement du cinquième, que la simple nomenclature des évêchés qui étaient constitués, à cette époque, dans les diverses provinces que nous avons énumérées. Nous donnerons ici cette nomenclature d'après le savant ouvrage de Morcelli (2). La liste sèche

(1) Voici, d'après Morcelli, l'énumération des basiliques de Carthage : *Basilica Perpetua-Restituta* (c'était la cathédrale); *Fausti basilica; Sancti Agilei basilica; basilica Major aut Majorum; basilica martyrum Scillitanorum; basilica Celerinæ martyris; basilica Novarum; basilica Gratiani; basilica Theodosiana; basilica Honoriana; basilica Theoprepria; basilica Tricellarum; basilica Petri; basilica Pauli; basilica martyris Juliani*. En outre, deux églises avaient été bâties, dans les faubourgs, en l'honneur de saint Cyprien; l'une sur le lieu de son supplice; l'autre dans la rue *des Mappales*, à l'endroit où il avait été enseveli. Après la chute de la domination vandale, Justinien fit élever à Carthage deux nouvelles églises, l'une à la Vierge, l'autre à sainte Prime. Il ajouta aussi un couvent à ceux qui se trouvaient déjà dans la ville il le fit bâtir près du *Mandracium*. Voy. Morcelli (*Afric. christ.*); t. I. p. 49. — M. Dureau de la Malle, dans ses *Recherches sur la topographie de Carthage* (p. 214 et suiv.), ajoute un nom à ceux qui nous ont été fournis par Morcelli. Il appelle *basilique de Tertullien* celle où se réunissaient les tertullianistes au temps de saint Augustin.

(2) *Afric. christ.*; t. I, p. 34 sqq. Morcelli a retranché de sa liste soixante évêchés environ, parce qu'il ne pouvait, comme il le dit (*ibid.*, p. 43), en assigner la véritable position.

et aride qui va suivre ne sera point sans intérêt, nous le croyons, pour tous ceux qui applaudissent aux efforts que nous faisons depuis treize ans pour reporter sur la côte septentrionale de l'Afrique le christianisme et la civilisation, et qui se plaisent à chercher, si nous pouvons nous exprimer ainsi, des espérances et comme un gage pour l'avenir, dans tous les faits qui attestent l'ancienne splendeur de cette belle contrée.

Nous avons fait subir à la liste de Morcelli quelques changements. Tous les noms marqués d'un astérisque ont été modifiés, déplacés ou ajoutés. Ces corrections ne nous appartiennent point. Elles avaient été faites, par un savant membre de l'Académie des Inscriptions, sur l'exemplaire de *l'Africa christiana* que nous avons eu entre les mains.

ECCLESIÆ PROVINCIÆ PROCONSULARIS.

Abacitana.
Abbenzensis.
Abbir majoris.
Abbir Germanicianæ, quæ et Abbiritina.
Abitinensis.
Aborensis.
Absasallensis.
Abtugnensis, quæ et Autumnitana et Aptungiensis.
Abziritensis, quæ et Abderitana.
Advocatensis.
Agensis.
Altiburiensis, quæ et * Altibariensis.
Amaderensis, quæ et Ammederensis.
Aptucensis.
Araditana.
Arensis.
Assuritana.
Ausafensis.
Ausanensis.
Auzuagensis, quæ et Ausuagensis gemina.
* Basarididacensis.
Belalitensis.
Bencennensis.
Beneventensis.
* Betagbarensis.
Biltensis.
Binensis.
Bollitana.
Bonustensis.
Bosetensis.
Bullamensis.
Bullensis, Vullensis.
Bulleriensis.
Bulnensis
Buritana.
Buslacena.
Buzencis.
Cæciritana.
Calibiensis.
Canapitanorum.
Carpitana.
Carthaginiensis.
Cefalensis.
Celerinensis.
Cellensis.
Cerbalitana.
Cibalianensis.
Cicsitana.
Cilibiensis.
Cincaritana.
Ciumtuturbi.
Clypiensis.
Cubdensis.
Culcitanensis, quæ et Culsitana et Culusitana
Curbitana, quæ et Curubitana.
Drusilianensis.
Duassenemsalitana.
Egugensis.
Furnitana.
Giggensis, quæ et Ziggensis.
Girbensis, quæ et Gerbensis et Gervitana.
Gisipensis, quæ et Gisipensium majorum.
Giutrambacariensis.
Gorensis.
Gunelensis quæ et Gunelmensis.
Hiltensis.
Hipponis Diarrhyti, quæ et Hipponensium Zaritorum et Hipzaritensis.
Honoriopolitana.
Horreensis.
Labdensis, quæ et Lapdensis.
Lacubazensis.
Larensis sive Larium.
Libertinensis.
* Lupercianensis.
Maffianensis.
Maxulitana.
Meglapolitana.
Melzitana, quæ et Melsitana.
Memblositana.
Membresitana, quæ et Membressitana et Membrositana.
Migirpensis.
Missuensis.
Mizigitana.
Mullitana.
Musertitana.
* Mustitana.
Muzuensis.
Naraggaritana, quæ et Nagargaritana.
Neapolitana.
Nigrensium majorum
Numnulitana.
Ofitana.
Pappianensis, quæ et Pupianensis.
* Pariensis.
Pertusensis.
Pisitensis.
* Pocofeltensis.
Pupitana, quæ et Puppitana.
Rucumensis, quæ et Rucummæ et Racumæ.
Rusucensis.
Sajensis.
Scilitana.
Sebargensis.
Sedelensis.
Seminensis.
Senempsalensis.
* Serrensis.
Siccenensis.
Siccensis.
Sicilibbensis, quæ et Sicilippæ et Siciliæ.
Simidicensis.
Siminensis, quæ et Simminiensis.
Simingitana.
Simittensis, quæ et Semitensis.
Sinnarensis, quæ et Sinuaritensis.
Succulensis.
Suensis.
Taborensis.
Tabucensis.

Taciæ Montanensis, quæ et Tatiæ Mont. et Ta-
    canensis.
Tadduensis.
Tagaratensis.
Tagorensis.
Talborensis.
Tauracinæ.
Telensis.
Theudalensis, quæ et Theodalensis et Euda-
    lensis.
Thinisæ, quæ et Tinnisensis.
Thuccaboris, quæ et Tuccaborensis.
Thbursicensis Buræ.
Tigimmensis.
Timedensis, quæ et Timidæ Regiæ.
Tisilitensis, quæ et Tisilensis.
Titulitana.
Tonnonensis, quæ et Tennonensis.
Trisipellis.
Trisipensis.
Tuburbitanorum majorum.
Tuburbitanorum minorum.
Tuburnicensis.
Tuccæ, quæ et Togiæ.
Tulanensis.
Tunejensis, quæ et Tuniensis.
Turuzitensis.
Tyzicensis.
Vallitana.
Vaziensis, quæ et Vazuensis
Verensis.
Vicoturrensis.
Villa magnensis.
Visicensis.
Ucitana.
Uculensis.
Urcitana, quæ et Uracitana et Uricitana.
Uticensis.
Utimmirensis.
Utinensis, quæ et * Utinicensis.
Utzipparitana, quæ et Uzipparitana.
Uzalensis, quæ et Uzialensis.
Zarnensis.
Zemtensis, quæ et Zentensis.
Zurensis.

ECCLESIÆ PROVINCIÆ NUMIDIÆ.

Ajurensis, quæ et Azurensis.
Amporensis.
Anguiensis.
Appissanensis.
Aquæ Nobensis.
Aquarum Tibilitanarum.
Aquensis.
Arsicaritana.
Assabensis.
Augurensis.
Ausucurrensis.
Babrensis.
Badiensis.
Bagajensis.
Bajanensis quæ et Vajanensis.
Bajesitana.
Bamaccorensis, quæ et Vamaccorensis
Bazaritana, quæ et Vazaritana.
Belesasensis.
Berceritana, quæ et Becerritana.
Bofetana.
Bucconiensis, quæ et * Bocconiensis
Buffadensis.
Bullensium Regiorum.
Burcensis, quæ et Burgensis.
Cælianensis.
Cæsariensis.
Calamensis.

Casarum Nigrensium.
Casarum silvanæ.
Casasmedianensis.
Casensis Bastalensis.
Casensis * Calanensis.
Castellana.
Castelli Sinitensis.
Castelli Titulitani.
Castrorum Galbæ.
Cataquensis.
Cemeriniana.
Centenariensis.
Centuriensis.
Centurionensis, quæ et Centurianensis.
Ceramussensis.
Circensis.
Cirtensis, quæ et Constantiniensis.
Cuiculitana.
Cullitana.
Dianensis.
Edistianensis
Enerensis.
Fatensis.
Fesseitana.
Fissanensis.
Formensis ad Idicram.
Formensis Missoris.
Fossalensis, quæ et Fussalensis.
Garbensis.
Gaudiabensis.
Gaurianensis.
Gazaufalæ.
Gemellensis.
Germaniensis.
Gibbensis.
Gilbensis.
Girensis.
Girumarcelli.
Girutarasi.
Hipponeregiensis, quæ et Hipponensium Re-
    giorum.
Hizirzadensis, quæ et Izirianensis.
Hospitensis.
Jacterensis, quæ et Zaltarensis.
Idassensis.
Idicrensis.
Jucundianensis.
Lamasuensis, quæ et Lamashæ.
Lambesensis.
Lambiritana.
Lamfuensis, quæ et Lampuensis et Jamfuensis.
Lamiggigensis gemina.
Lamsortensis.
Lamzellensis.
Laritanus.
Legensis.
Legiensis.
Legisvoluminiensis.
Liberaliensis.
Limatensis.
Lugurensis.
Macomadiensis, quæ et Macomaziensis.
Madaurensis.
Madensis.
Magarmelitana.
Manazenensium Regiorum.
Masculitana.
Matharensis.
Maximianensis, quæ et Maximinensis.
Mazacensis.
Megarmitana.
Mesarfeltensis.
Metensis.
Midilensis.
Milei, quæ et Milevitana.

Montensis, quæ et Montena.
Moxoritana.
Muliensis.
Municipensis.
Muslitana.
Mutugensis.
Naratcatensis, quæ et Naraccatensis.
Nibensis.
Nicibensis.
Nobabarbarensis, quæ et Novabarbarensis.
Nobagermaniensis.
Nobasparsensis, quæ et Nobaspartensis.
Nobasinensis, quæ et Novasinensis.
Novapetrensis.
Octabensis.
Pudentianensis.
Putiensis.
* Regiariensis.
Respectensis.
Ressianensis.
Rotariensis.
Rusiccadiensis.
Rusticianensis.
Selemselitana, quæ et Silemsilensis.
Seleucianensis.
Siguitensis, quæ et Suggitana.
Silensis.
Sillitanus.
Sistronianensis.
Suavensis.
Summensis, quæ et Zummensis
Susicaziensis.
Tabracensis.
Tabudensis.
Tacaratensis.
Tagastensis.
Tagorensis.
Tamogadensis, quæ et Tamogaziensis.
Tarasensis, quæ et Tharasensis.
Tebestina, quæ et Tevestina et Thebestis.
Teglatensis, quæ et Tegulatensis.
* Thiabensis.
Thibilitana.
Tibursicensis, quæ et Tubusicensis.
Tididitana, quæ et Tiseditana.
Tigillabensis.
Tigisitana.
Tignicensis.
Tipasensis.
Tubuniensis.
Tuccæ, quæ et Tuggæ et Tuncensis.
Tunudensis.
Turrensis.
Turrisrotundæ.
Turrium Ammeniarum.
Turrium Concordiæ.
Tuzudrumes.
Vadensis.
Vageatensis.
Vagensis.
* Vagrautensis.
Vegeselitana, quæ et Vescelitana.
Velesitana.
Vensanensis.
Vicopacatensis, quæ et Vicopacensis.
Villamagnensis.
Villaregiensis.
Villavictorianensis.
Ullitana.
Urugitana.
Utmensis.
Zabensis.
Zamensis.
Zaradtensis, quæ et Zaraitensis.
Zertensis.

ECCLESIÆ PROVINCIÆ BYZACENÆ.
Abaradirensis.
Abiddensis.
Abissensis.
Acolitana.
Adrumetina.
Afufeniensis.
Aggaritana.
Aggeritana.
Amudarsensis.
Ancusensis.
Aquæ Albensis.
Albensis.
Aquensis.
Aquensium Regiorum.
Aquiabensis.
Arensis.
Arsuritana.
Autentensis, quæ et Auteniensis.
Auzagerensis, quæ et Auzegerensis
Banensis.
Bennefensis.
Bladiensis.
Bufelialensis, quæ et Bubelialensis.
Byzaciensis.
Cabarsussitana.
Capsensis, quæ et Capsitana.
Carcabianensis.
Carianensis sive Casularum Carianensium.
Cellensis.
Cenculianensis.
Cenensis.
Cilitana, quæ et Cillitana.
Circitana.
Crepedulensis.
Cufrutensis.
Cululitana.
Detorianensis, quæ et Decorianensis.
Dicensis.
Dionysianensis.
Durensis.
Eliensis.
Febianensis.
Feradimajensis, quæ et Feraditana major.
Feraditana minor.
Filacensis.
Forontonianensis, quæ et Ferontonianensis.
Fortianensis, quæ et Forianensis et Foratianensis.
Frontonianensis, quæ et Frotonianensis.
Gaguaritana, quæ et Gauvaritana.
Garrianensis.
Gattianensis, quæ et Gatianensis.
Germanicianensis.
Gummitana.
Gurgaitensis, quæ et a Gurgitibus.
Hermianensis.
Hierpinianensis, quæ et Hirpinianensis.
Hirenensis, quæ et Hirinensis et Irensis.
Horreæ Aninicensis.
Horreæ Cœliensis.
Jubaltianensis.
Juncensis.
Leptiminensis, quæ et Leptitana.
Limmicensis.
Macomadiensis Rusticiana.
Macrianensis major.
Mactaritana.
Mandasumitana, quæ et Madassumitana.
Maraguiensis.
Marazanensis.
Mascianensis.
Mataritana.
Marterianensis.
Maximiensis, quæ et Massimanensis.

AFRIQUE CHRÉTIENNE.

Medefessitana, quæ et Menefessitana.
Medianensis.
Mibiarcensis.
Midicensis.
Miditana, quæ et Mididitana.
Mimianensis.
Mozotcoritana.
Munatianensis.
Muzucensis, quæ et Muzulensis.
Narensis.
Nationensis.
Neptitana, quæ et Neptensis.
Octabensis.
Octabiensis.
Oppennensis, quæ et Opemiensis.
Pederodiadensis.
Peradamiensis.
Præcausensis.
Præsidiensis.
Putiensis.
Quæstorianensis.
Rufinianensis.
Ruspensis, quæ et Rusfensis et Rufensis.
Ruspitensis.
Sasuritana.
Scebatianensis.
Seberianensis.
Segermitana.
Septimunicensis.
Sublectina.
Sufetana, quæ et Sufium.
Sufetulensis, quæ et Suficulensis.
Sulianensis.
Tabaltensis, quæ et Tasbaltensis.
Tagamutensis, quæ et Thagamutensis.
Tagarbalensis, quæ et Targabolensis.
Tagariatana.
Tagasensis.
Talaptensis, quæ et Talaptulensis.
Tamallensis.
Tamallumensis.
Tamateni.
Tambajensis, quæ et Tambeitana.
Taprurensis.
Tapsitana.
Taraquensis, quæ et Tarazensis.
Teleptensis.
Temonianensis, quæ et Temoniarensis.
Tetcitana.
Thenitana, quæ et Thenisiorum.
Theuzitana.
Thibaris, quæ et Tibaritana.
Ticensis.
Ticualtensis.
Tigualensis.
Tiziensis.
Trotinianensis.
Tubulbacensis.
Turditana, quæ et Tusdritana.
Turreblandina.
Turrensis.
Turretamallumensis, quæ et Turrium Tamulus.
Tuzuritana, quæ et Tuziritana.
Vadentinianensis, quæ et Valentinianensis.
Vagensis.
Vararitana.
Vassinassensis.
Vegeselitana, quæ et Vegeiselitana.
Vicensis.
Vicoateriensis.
Victorianensis.
Vitensis.
Uniricopolitana, quæ et Unorecopolitana.
Unizibirensis, quæ et Univiverensis.
...lensis, quæ et Usilabensis.

Zellensis.

ECCLESIÆ PROVINCIÆ MAURETANIÆ CÆSARIENSIS ET TINGITANÆ.

Adquesirensis.
Adsinuadensis.
Agrensis.
Alamiliarensis.
Albulensis.
Altabensis.
Amaurensis.
Ambiensis.
Aquensis.
Aquisirensis.
Arenensis.
Arsinuaritana.
Bacanariensis.
Balianensis.
Baparensis.
Benepotensis.
Bidensis.
Bitensis.
Boncariensis, quæ et Voncariensis.
Bulturiensis.
Buronitana.
Buruc.
Cæsariensis.
Caltadriensis.
Caprensis.
Caputcillensis.
Cartennitana.
Castellana.
Castelli fabaritani.
Castelli Mediani.
Castelli Minoritani.
Castelli Ripensis.
Castelli Tatroportensis.
Castrorum Nobensium.
Castrorum Seberianensium.
Catabitana.
Catrensis.
Catulensis.
Cessitana, quæ et Cissitana.
* Columpnatensis.
Corniculanensis.
Elfantariensis, quæ et Elephantariensis.
Fallabensis.
Fenucletensis.
Fidolomensis.
Florianensis.
Flumenzeritana.
Frontensis.
Girumontensis.
Gratianopolitana, quæ et Gratinopolitana.
Gunugitana.
Gypsariensis.
Icositana.
Idensis.
Itensis
Jommitensis.
Juncensis.
Lapidiensis.
Majucensis.
Malianensis, quæ et Milianensis.
Mammillensis.
Manaccenseritana.
Masuccabensis.
Maturbensis.
Maurensis.
Maurianensis.
Maxitensis.
Mediensis.
Minensis, quæ et Minnensis et Minuensis.
Murconensis vel Nurconensis.
Murustagensis.

Mutecitana.
Nabalensis.
Nasbincensis, quæ et Narbincensis.
Nobæ, quæ et Novensis gemina.
Nobicensis.
Numidiensis.
Obbensis.
Oboritana gemina.
Oppidonebensis.
Oppinensis.
Pamariensis.
Panatoriensis.
Priscianensis, quæ et Prisianensis.
Quidiensis.
Regiensis.
Reperitana.
Rubicariensis.
Rusaditanus.
Rusgoniensis, quæ et Rusguniensis.
Rusubiccariensis.
Rusubiritana.
Rusuccurrensis, quæ et Rusuccuritana.
Satafensis.
Sereddelitana.
Sertensis.
Sestensis.
Sfasferiensis.
Siccesitana.
Sinnipsensis.
Sitensis.
Subbaritana, quæ et Subaritana.
Sucardensis.
Sufasaritana, quæ et Sufaritana.
Sululitana.
Summulensis.
Tabadcarensis, quæ et Tabarcarensis..
Tablensis.
Taborentensis.
Tabuniensis.
Tadamatensis, quæ et Tadamensis.
Tamadensis, quæ et Tanudajensis.
Tamazucensis, quæ et Tamazensis.
Tasaccurrensis.
Ternamunensis, quæ et Ternamusensis.
Tifiltensis.
Tigabitana.
Tigamibenensis.
Tigisitana.
Timicitana.
Timidanensis, quæ et Timidianensis.
Tingartensis.
Tipasitana.
Tubunensis.
*Tuscamiensis.
Vagalitana.
Vannidensis.
Vardimissensis.
Ubabensis.
Villanobensis.
Vissalsensis.
Voncarianensis.
Usinadensis.
Zucabiaritana, quæ et Zugabbaritana.

ECCLESIÆ PROVINCIÆ MAURETANIÆ SITIFENSIS.

Acufidensis.
Aquæ Albensis.
Assafensis.
Assuoremixtensis.
Castellana.
Cedamusensis.
Cellensis.
Coviensis.
Eminentianensis.
Equizotensis, quæ et Equizetana.

Ficensis.
Flumenpiscensis.
Gecitana.
Horrensis.
Ieratitana.
Igilgitana, quæ et Igillitana.
Lemelefensis.
Lemfoctensis, quæ et Lamfoctensis.
Lesvitana.
Macrensis.
Macrianensis.
Maronanensis, quæ et Maronensis.
Maxitensis.
Medianorum Zabuniorum.
Molicunzensis, quæ et Molicuntensis.
Moptensis, quæ et Moctensis et Mozotensis.
Nobalicianensis.
Olivensis.
Partheniensis.
Perdicensis.
Privatensis.
Salditana.
Satafensis.
Serteitana.
Sitifensis.
Sociensis.
Suristensis.
Tamagristensis.
Tamallumensis.
Tamascaniensis.
Thuccensis.
Tubiensis.
Tugusubditana, quæ et Tubusubditana.
Vamallensis.
Vesceritana.
Zabensis. — Zallatensis.

ECCLESIÆ PROVINCIÆ TRIPOLITANÆ.

Girbensis, quæ et Girbitana et Gerbitana.
Gittensis.
Leptimagnensis.
Neapolitana.
Oensis.
Sabratensis.
Tacapitana.

Telle était l'étendue et la force de l'Église d'Afrique lorsque les Vandales parurent, en 429, sur les côtes de la Mauritanie.

L'ARIANISME EN AFRIQUE; RÈGNE DE GENSÉRIC. — La marche de Genséric en Afrique, comme nous l'avons dit, fut marquée par d'effroyables dévastations. La soif du butin ou de la vengeance, les passions religieuses qui animaient les Vandales et leurs alliés, couvrirent de sang et de ruines, en moins d'un an, les trois Mauritanies et une grande partie de la Numidie. Les églises tombèrent; les évêques et les prêtres furent massacrés ou obligés de chercher un asile sur les terres encore soumises à la domination romaine (1).

La furie de l'invasion qui atteignit

(1) Nous n'avons pas besoin de dire, que pour le récit qui va suivre, nous n'avons jamais cessé d'avoir sous les yeux ce que r... nart a écrit sur la persécution v...

surtout la population catholique ne fut point de courte durée. Elle ne perdit rien de sa force pendant dix ans. En 439, le premier soin de Genséric, maître de Carthage, fut de persécuter les catholiques et de dépouiller les églises de la ville de leurs vases sacrés et de leurs riches ornements. Toutefois, ce fut au moment même où Carthage tomba au pouvoir des Vandales que cessèrent, au moins en partie, les violences et les immenses désordres qui avaient désolé, depuis 429, l'Afrique chrétienne et civilisée. Dès lors, en effet, Genséric contint ses soldats pour ne point épuiser le pays où, après avoir anéanti toute résistance, il avait résolu de se fixer.

L'intérêt donc et le changement qui se fit, de 439 à 442, dans l'état social des Vandales empêchèrent le pillage, le meurtre et la dévastation; mais ils ne mirent point un terme à la persécution contre les catholiques. Deux choses principalement devaient, en quelque sorte, perpétuer en Afrique cette persécution. C'était, d'une part, l'esprit de secte qui animait les conquérants barbares; de l'autre, l'état de guerre dans lequel la nation vandale, sous Genséric, fut obligée de se maintenir pour résister aux attaques de l'empire.

Les Vandales, suivant certains historiens, avaient adopté l'arianisme pendant leur séjour en Espagne; suivant d'autres (et nous partageons l'opinion de ces derniers), ils avaient été gagnés à l'hérésie, avant la grande invasion de 406, à l'époque où ils campaient sur les frontières de l'empire d'Orient, dans les provinces qui avoisinent le Danube. Dès l'instant où ils parurent en Afrique, ils ne se déclarèrent point seulement ennemis de l'empire, mais encore ennemis des catholiques et, par là, ils doublèrent leurs forces et assurèrent le succès de leur audacieuse entreprise. Ils virent accourir dans leurs rangs, nous l'avons dit aussi, tous ceux qui avaient souffert pour leurs croyances sous le règne d'Honorius; les donatistes surtout, qui, pour se venger de leurs persécuteurs, n'hésitèrent point sans doute à passer en grand nombre du schisme à l'hérésie. Cette alliance donna une nouvelle force aux haines religieuses qui animaient les Vandales et attira sur les Mauritanies et la Numidie les affreux ravages dont nous avons déjà parlé.

Ce ne fut pas seulement au moment des expéditions, dans les instants de péril et de guerre, mais encore pendant la paix, que l'esprit de secte poussa à la persécution et à la cruauté les conquérants barbares. Ainsi, dans les années qui séparent la prise d'Hippone de celle de Carthage, en 437, à une époque où il y avait trêve entre l'empire et les Vandales, Genséric traita les catholiques, dans les provinces soumises à sa domination, avec une excessive rigueur. Il ne se borna pas à chasser de leurs églises les évêques et les prêtres; il sévit même contre les laïques, et il en fit mourir plusieurs qui n'avaient pas voulu embrasser l'arianisme. Plus tard (il était déjà maître de Carthage), on saisit par son ordre l'évêque Quodvultdeus et un grand nombre de clercs; on les dépouilla d'abord de leurs vêtements, puis on les plaça sur des vaisseaux à moitié brisés qui furent lancés à la mer et abandonnés à la fureur des vents (1).

Une chose encore, dès les premiers temps de la conquête, aggrava les souffrances des catholiques, ce fut la crainte qu'ils inspirèrent à Genséric. Le roi barbare n'ignorait pas qu'ils désiraient ardemment le rétablissement de l'autorité impériale; que leurs regards étaient sans cesse tournés vers l'Italie ou vers Byzance; qu'ils le haïssaient comme arien et comme barbare, et qu'ils étaient prêts à soutenir toute armée qui viendrait sur les côtes de l'Afrique pour les rattacher à l'un des deux empires. Il les persécuta donc aussi pour des raisons politiques, parce qu'ils se défiaient d'eux; et sa sévérité à leur égard, il faut le croire, augmenta toutes les fois qu'une expédition fut dirigée par les Romains vers les provinces qu'il avait conquises.

(1) L'évêque de Carthage Quodvultdeus et ses compagnons échappèrent à la mort. Ils furent poussés par le vent sur la côte de Naples. *Gensericus, Quodvultdeum et maximum turbum clericorum, navibus fractis impositos, nudos atque expoliatos expelli præcepit: quos Deus, miseratione bonitatis suæ, prospera navigatione Neapolim Campaniæ perducere dignatus est civitatem.* Victor de Vita; 1, 5.

Toutefois, il semble que, vers la fin de sa vie, Genséric se soit relâché de sa rigueur. C'est qu'alors nul ennemi ne lui faisait ombrage. Il avait conduit à sa chute l'empire d'Occident, ruiné la marine des Byzantins, et il dominait, par ses flottes, sur toute la Méditerranée. Rien ne lui résistait en Afrique. En 476, sur la prière de l'empereur Zénon, il permit aux catholiques de rouvrir leurs églises et il rappela les évêques qu'il avait exilés. On pourrait induire de ce fait, qu'en général, il les persécuta, non comme dissidents religieux, en haine de leurs croyances, mais comme ennemis de sa domination (1).

ÉDIT DE 484 CONTRE LES CATHOLIQUES; ÉTAT DE L'ÉGLISE D'AFRIQUE SOUS LES ROIS HUNÉRIC, GUNTHAMUND ET THRASAMUND. — Hunéric, fils et successeur de Genséric, ne persécuta point les catholiques dans les premières années de son règne. Il ne fut cruel alors que pour les membres de sa propre famille et pour les hommes les plus illustres de la nation vandale. Ce fut seulement en 483, qu'entraîné par l'esprit de secte, il tourna ses fureurs contre les catholiques. Il voulut les contraindre à embrasser l'arianisme. Ceux qui résistèrent furent dépouillés de leurs biens et exilés. Les prêtres surtout eurent à souffrir du zèle intolérant de Hunéric; ils furent déportés par milliers, sans défense et sans ressources, dans les déserts de l'Afrique.

Pour se donner sans doute un prétexte de sévir, le roi convoqua un grand concile à Carthage. Ariens et catholiques se réunirent dans cette ville en 484; mais à la suite de désordres provoqués peut-être par Hunéric lui-même et par les évêques qui l'environnaient, les conférences furent interrompues. La sentence de condamnation avait été préparée à l'avance. Le roi, accusant les catholiques d'avoir mis obstacle à la discussion, publia un édit qui les privait de leurs églises et prononçait contre eux les châtiments les plus sévères, à savoir : les amendes, les confiscations, les peines corporelles, l'exil, et même la mort. Cet édit reproduisait, dans leurs principales dispositions, toutes les lois promulguées jadis par Honorius contre le schisme ou l'hérésie.

L'édit de Hunéric ne contenait point de vaines menaces ; il fut bientôt exécuté avec rigueur dans toutes les parties de l'empire vandale, et alors commença une persécution qui fut marquée par des supplices et de sanglantes exécutions. Ce fut d'abord sur les évêques qui s'étaient rendus à la conférence de Carthage que tomba la colère du roi. Il ne se borna point à les dépouiller de leurs églises; il les fit tous arrêter : puis, il condamna les uns à cultiver la terre, comme esclaves, les autres à couper et à préparer, dans l'île de Corse, les bois qui devaient servir à la construction de ses vaisseaux (1).

Sous le règne de Gunthamund, les catholiques jouirent de quelques instants de repos. Alors les évêques exilé- revinrent de toutes parts et, parmi euxs Eugène, qui, en 487, reprit possession du siége épiscopal de Carthage (2). Mais ce repos ne devait pas être de longue durée. Thrasamund, qui devint roi en 496, persécuta de nouveau les catholiques. C'était un homme lettré, d'un esprit subtil, qui aimait la controverse et se plaisait aux discussions théologiques. Il traita les ennemis de sa croyance à la manière de Julien. Il les attaqua par les railleries, le mépris et l'outrage. Cependant, il ne put toujours soutenir son rôle; plus d'une fois, renonçant à feindre la modération et la tolérance, il laissa librement éclater sa haine contre ceux qui ne partageaient point ses opinions religieuses. Ce fut ainsi qu'il força Eugène à quitter encore son siége épiscopal et à s'exiler de Carthage, et que, dans l'année 507, il fit déporter en Sardaigne les évêques de la Byzacène.

L'Église d'Afrique ne souffrait pas seulement alors de l'intolérance des rois vandales, elle était encore attaquée et affaiblie par les tribus du désert. Celles-ci, profitant de la faiblesse des successeurs de Censéric, avaient recommencé

---

(1) Voy. sur l'état de l'Église d'Afrique, au temps de Genséric, notre *Histoire de la domination des Vandales en Afrique*, p. 10 et suiv.; 26 et suiv.

(1) Nous avons déjà donné, dans ce volume, l'édit de 484, et raconté, avec quelque étendue, la persécution qui le suivit. Voy. notre *Histoire de la domination des Vandales en Afrique*, p. 33 et suiv.

(2) Morcelli (*Afric. christ.*); t. I, p. 55.

la guerre contre la civilisation. Elles s'étaient jetées sur l'empire vandale et elles avaient rapporté le paganisme dans les contrées qu'elles avaient envahies.

LA TOLÉRANCE DU ROI HILDÉRIC AMÈNE UNE RÉVOLUTION; GELIMER; L'ÉGLISE CATHOLIQUE TRIOMPHE PAR BÉLISAIRE. — Thrasamund mourut en 523. Il laissait le trône à Hildéric, qui avait longtemps vécu à Constantinople et qui était peut-être catholique. A l'avénement de ce prince, la persécution cessa. Tous les exilés pour cause de religion furent rappelés. Les supplices ou l'exil avaient fait de grands vides dans l'épiscopat, Hildéric ne s'opposa point, comme son prédécesseur, à ce qu'ils fussent remplis. Dans toutes les provinces, les catholiques furent remis en possession des églises qui leur avaient été enlevées. Ils jouirent dès lors d'une telle liberté que leurs évêques n'hésitèrent point à se rassembler, à Carthage même, pour délibérer publiquement sur les besoins de l'Église. Ce fut là, en effet, sous les yeux du roi, qu'ils tinrent, en 524 ou 525, un concile présidé par le primat de l'Afrique, Boniface (1).

Mais les hommes de race vandale et même les Romains qui avaient embrassé l'arianisme blâmaient la tolérance et la modération de Hildéric. Ils n'avaient point cessé, avec raison, de considérer les catholiques comme de mortels ennemis. Ils les accusaient de chercher, par leurs relations secrètes avec l'empire, le renversement de la domination vandale. A la fin, Hildéric lui-même, qui entretenait avec la cour de Constantinople de fréquents rapports, et qui avait eu l'imprudence de placer sur ses monnaies l'effigie de Justinien, fut soupçonné de partager, contre sa nation et sa propre famille, les haines des catholiques. Une révolte éclata; Hildéric fut renversé du trône et Gélimer le remplaça.

Cette réaction de l'arianisme ne fut pas de longue durée. Justinien leva une armée pour soutenir le roi déchu. Ce fut en 533 que Bélisaire mit fin à la domination des Vandales et que, Hildéric étant mort, il prit possession de l'Afrique au nom de l'empereur. Les rapides et brillants succès du général byzantin donnèrent enfin la victoire et la paix à l'Église catholique.

NOUVELLE RÉACTION; ÉDIT DE JUSTINIEN; RAPPORTS AVEC L'ÉGLISE DE ROME; CONCILE; ÉTAT DE L'ÉGLISE D'AFRIQUE SOUS LA DOMINATION BYZANTINE. — Une ancienne tradition racontée par Procope (1) nous montre que les catholiques, depuis le règne de Genséric jusqu'aux victoires des soldats de Justinien, n'avaient point cessé de conspirer, au moins en pensée, contre les conquérants barbares. En 533, ils accueillirent Bélisaire comme un libérateur. Il est vraisemblable que dès l'instant où le représentant de Justinien parut sur les côtes de l'Afrique, ils l'aidèrent de leurs conseils et de leurs secrets avis. D'ailleurs, en ne résistant point à l'armée impériale, en lui laissant libre passage dans toutes les villes, depuis Syllectum jusqu'à Carthage, ils contribuèrent, autant qu'ils le pouvaient alors, à la chute de la domination vandale.

Une nouvelle réaction religieuse suivit de près la victoire de Bélisaire. Les catholiques s'empressèrent de profiter de la défiance que les hérésiarques et les schismatiques inspiraient à la cour de Byzance pour se venger de tous les maux qu'ils avaient soufferts. Ils s'adressèrent à Justinien. C'était principalement l'hérésie qui avait donné force et durée à l'empire vandale. C'était elle aussi qui, peu d'années auparavant, avait précipité du trône Hildéric, le protecteur des orthodoxes et l'ami des Byzantins. Justinien ne l'ignorait pas, et, par politique autant que par zèle religieux, il prit, contre les ariens, les donatistes et les autres dissidents, de sévères mesures. Par un édit de 435, il les écarta des fonctions publiques, les dépouilla de leurs biens, leur enleva leurs églises, et leur défendit d'élire des évêques, de conférer les ordres et de baptiser (2). Les juifs aussi furent enveloppés dans l'arrêt de proscription.

C'était donc la peur qui avait dicté cette loi violente. Plus d'une fois alors

(1) On compta 59 évêques dans ce concile. Voy. Harduin; *Conc.* t. II, p, 1151.

(1) Voy. notre *Hist. de la domination des Vandales en Afrique*, p. 58.
(2) Baronius, *ad. an.* 535

on accusa les dissidents de conspirer, non sur des preuves, mais seulement parce qu'on les craignait. Toutefois, il faut dire que les Vandales, dépossédés et non exilés, que les hérésiarques et les schismatiques qui s'étaient attachés à la fortune des conquérants barbares, désiraient ardemment la chute de la domination byzantine. Ils prirent part, il n'en faut pas douter, à tous les troubles qui bouleversèrent l'Afrique depuis le départ de Bélisaire jusqu'à l'invasion arabe. Par la force des choses, ils devaient conspirer contre Justinien et ses successeurs, comme les catholiques, depuis Genséric jusqu'à Gélimer, avaient conspiré contre les Vandales.

Les Byzantins achevaient à peine de soumettre les provinces qui avaient appartenu aux Vandales que l'Église catholique d'Afrique songea à se réorganiser. D'abord, pour traiter les nombreuses affaires que lui donnait sa situation nouvelle, elle tint un concile. Ce fut à cette fin que deux cent dix-sept évêques se réunirent à Carthage, en 534, sous la présidence du primat Réparatus (1). Ensuite elle se remit dans des rapports assidus avec Rome et les autres Églises du monde chrétien (2).

Elle forma, peut-être dès la même époque, les quatre provinces ecclésiastiques qui subsistaient encore, suivant d'anciens documents, en l'année 649. Ces quatre provinces étaient : 1° la Proconsulaire; 2° la Numidie; 3° la Mauritanie; 4° la Byzacène. Sous le nom général de Mauritanie se trouvaient comprises la Césarienne, la Sitifienne et la Tingitane. La Tripolitaine avait été rattachée à la Byzacène.

Depuis la conquête accomplie par Bélisaire jusqu'à l'invasion des Arabes, l'Église d'Afrique eut sans doute beaucoup à souffrir des révoltes et des troubles qui à diverses époques éclatèrent à Carthage et dans toutes les provinces soumises à la domination byzantine. Mais ce qui contribua surtout à l'affaiblir, et, si nous pouvons nous servir de cette expression, à amoindrir son domaine, ce fut la guerre continuelle que firent à l'empire et à la civilisation les populations indigènes. Salomon, Jean Troglita, Gennadius, eux-mêmes, les plus illustres de tous les généraux qui vinrent de Constantinople, ne purent toujours refouler et contenir les tribus du désert. Guidées, pendant un siècle, par des chefs qui, comme Yabdas, Antalas, Carcasan et Gasmul, avaient ravi sans doute à la tactique romaine quelques-uns de ses secrets, elles ne cessèrent de faire des progrès, gagnant chaque jour une nouvelle part de territoire sur la civilisation, et ramenant jusqu'à la côte le paganisme et la barbarie.

Les Arabes, de 647 à 697, achevèrent l'œuvre des tribus indigènes et portèrent à la domination romaine le dernier coup. En moins d'un demi-siècle, en effet, ils établirent l'islamisme, par la force du sabre, sur toute la côte septentrionale de l'Afrique. Alors les évêques et les prêtres s'enfuirent et se dispersèrent; les uns se retirèrent sur les terres encore soumises aux empereurs de Constantinople; les autres en Italie; d'autres, enfin, comme Potentius, évêque d'Utique, cherchèrent un asile en Espagne (1).

CONCLUSION. — Après cette terrible invasion il resta pourtant des chrétiens en Afrique. Nul, aujourd'hui, ne saurait dire précisément à quelles conditions les conquérants arabes laissèrent au milieu d'eux, pendant plusieurs siècles, cette part de la population romaine qui n'avait abandonné ni son culte, ni sa foi. Un seul fait nous semble hors de doute, c'est que l'existence de cette population, vouée par l'islamisme au mépris et aux outrages, exposée sans cesse à une complète extermination ne fut qu'une longue suite de souffrances.

Nous savons, en effet, par d'anciens documents, combien fut triste et misérable l'état de l'Église d'Afrique, pendant le moyen âge. Elle souffrit alors, non-seulement de la persécution, mais encore de ses discordes. Elle ne cessa pas d'être en proie à ces querelles et à ces divisions qui, dans le cours du qua-

---

(1) Hardouin; *Concil.* t. II, p. 1154 et 1177. — Reparatus venait de succéder sur le siége épiscopal de Carthage à Boniface.
(2) Voy. Morcelli (*Afr. chist.*); ad an. 535; t. III, p. 282 et sqq.

(1) Morcelli (*Africa christiana*); *ad an.* 669; t. III, p. 392.

trième siècle, avaient tant fait pour sa ruine. En l'année 893, des députés de l'Afrique vinrent à Rome et s'adressèrent au pape, lui demandant ses conseils et sa médiation pour arrêter un schisme qui avait éclaté entre les évêques (1).

Plus tard, vers 1054, une lettre venue de Carthage à la cour du souverain pontife atteste une nouvelle discorde. Le métropolitain Thomas écrit à Léon IX pour se plaindre de l'évêque de Gummase, en Byzacène, qui se croyait et se disait son égal. Le pape reconnaît, dans sa réponse, les droits de Thomas. « Après le souverain pontife, lui dit-il, nul n'est plus élevé, en Afrique, que l'archevêque de Carthage. » Il déclare que les autres évêques ne peuvent ni sacrer, ni déposer, ni assembler des conciles sans l'assentiment du métropolitain. Léon IX voyait avec tristesse l'état de l'Église d'Afrique, et ce n'était pas sans une profonde douleur, comme il le disait lui-même, qu'il ne comptait que cinq évêques dans une contrée qui jadis en réunissait plus de deux cents pour ses conciles (2).

Ces cinq évêques étaient réduits à deux vers 1076. Ce fut alors que Grégoire VII écrivit, à Carthage, au métropolitain Cyriaque, pour lui recommander, lorsqu'il n'y aurait que deux évêques en Afrique, de procéder à l'élection d'un troisième, qui se rendrait à Rome et s'y ferait sacrer. C'est afin, dit le pape, que plus tard les consécrations puissent se faire, en Afrique même, par les évêques réunis au nombre prescrit par les canons; et il sacra lui-même, pour commencer, Servandus, qui devait être évêque d'Hippone. Alors, tout ce qui rappelait l'ancienne gloire de l'Afrique était tellement oublié, que Grégoire VII ne savait en quelle province était le siége épiscopal illustré par saint Augustin. Dans la lettre qu'il écrivit à propos de l'élection de Servandus, il place Hippone dans la Mauritanie Sitifienne. Quant au métropolitain Cyriaque, il fut victime des interminables discordes de ses frères les chrétiens. Accusé par eux auprès des Sarrasins, il eut à supporter les plus odieux traitements et les plus cruels outrages (1).

Ce sont là les derniers et tristes souvenirs laissés par l'Église dont nous voulions écrire l'histoire. Vers 1146, la secte des Almohades, qui vainquit et extermina celle des Almoravides, porta en Afrique le dernier coup au christianisme (2).

Les chrétiens d'Europe savaient encore vaguement au moyen âge que par delà la Méditerranée, non loin de l'Italie, de la France et de l'Espagne se trouvait une côte belle et fertile où avaient existé jadis des églises sans nombre et de populeuses cités, et ils s'émurent aux lamentables récits que leur firent, sans doute, ceux qui avaient échappé par la fuite au fer des Almohades. Alors, dans ce temps d'héroïque ignorance où rien ne paraissait impossible à quiconque croyait et voulait fermement, plusieurs songèrent à reconquérir, au profit du christianisme, cette terre désolée. En l'année 1226, de pauvres religieux, n'ayant pour ressources et pour appui que leur foi et que leur zèle, s'embarquèrent pour l'Afrique, où ils essayèrent en vain de prêcher l'Évangile. En 1270, un roi de France campa avec son armée sur les ruines de Carthage. Mais alors et depuis, pendant sept siècles, les efforts de ceux qui soumettent les peuples par l'épée ou par la parole demeurèrent impuissants. Toutes leurs entreprises échouèrent, et quand ils parvinrent à prendre possession de

---

(1) Frodoard; IV, 2.
(2) *Decus ecclesiarum africanarum ita conculcatum a gentibus nimium dolemus, ut modo vix quinque inveniantur episcopi, ubi olim ducenti quinque solebant per concilia plenaria computari.* Hardouin; *Concil.* t. VI, p. 950.

(1) Hardouin; *Conc.*, t. VI, p. 1341. — Greg. VII *Epist.*, lib. 1, 22.
(2) Il resta pourtant quelques chrétiens sur la côte d'Afrique. Placés au milieu d'une population fanatique et barbare, ils étaient dans une situation déplorable. Guillaume de Nangis nous apprend qu'au temps de l'expédition de saint Louis, il y avait encore à Tunis des prêtres et des églises. Les musulmans jetèrent en prison tous les chrétiens quand ils apprirent que l'armée française avait touché les côtes de l'Afrique. *Erat in urbe Tunarum multitudo christianorum jugo tamen servitutis Surrucenorum oppressa, et fratrum Prædicatorum congregatio, ac ecclesiæ constructæ in quibus fideles quotidie confluebant: quos omnes, ex sui regis præcepto, Sarraceni captos incarceraverunt cum suis intravisse Francorum exercitum cognovissent. Gesta Philippi III*; Voy. les *Historiens de France*, t. XX, p. 478.

quelques points de la côte, leurs établissements durèrent peu. L'Europe pourtant ne s'est jamais lassée et ses espérances n'ont pas été vaines. La race de guerriers qu'un écrivain ecclésiastique appelait de tous ses vœux, au commencement de notre siècle, pour une dernière croisade, s'est enfin montrée; elle est sortie de la France, pays privilégié auquel la Providence avait réservé la gloire de rattacher l'Afrique au système politique des nations européennes et de la faire participer de nouveau à la vie du monde chrétien et civilisé.

FIN DE L'AFRIQUE CHRÉTIENNE.

APPENDICE.
LISTES D'ÉVÊQUES.

Nous avons dû faire un choix parmi les nombreuses cités qui couvraient le sol de l'Afrique ancienne. D'abord nous avons pris Carthage, la grande métropole chrétienne, ensuite quelques-unes des villes qui sont soumises aujourd'hui à la domination française.

CARTHAGE.

Agrippinus; c'est le premier évêque connu. Son épiscopat peut être reporté aux dernières années du second siècle.

Optatus fut évêque au commencement du troisième siècle. Il succéda peut-être à Agrippinus.

Cyrus doit être placé après Optatus, suivant Morcelli.

Donatus mourut en 248.

Cyprianus (S. Cyprien) lui succéda. Il fut décapité en 258.

Carpophorus lui succéda, suivant Morcelli.

Lucianus fut évêque vers la fin du troisième siècle.

Mensurius occupait déjà le siège épiscopal à l'époque où fut promulgué l'édit de Nicomédie. Il mourut en 311.

Cœcilianus. Ce fut à propos de son élection que commença le schisme des donatistes. On sait positivement qu'il vivait encore en 321. Il assista peut-être au concile de Nicée en 325.

Rufus est nommé dans un concile de 337.

Gratus présida un concile à Carthage en 349.

Restitutus était évêque de Carthage en 359.

Geneclius en 381.

Aurelius monta sur le siège épiscopal de Carthage en 391. Il mourut vers 426.

Capreolus était évêque vers 435.

Quodvultdeus prit possession du siège épiscopal vers 437.

Deogratias fut évêque de 454 à 457.

Eugenius fut sacré en 479. Il fut chassé d'Afrique par le roi Thrasamund et mourut dans les Gaules à la fin du cinquième siècle.

Fabius Furius Fulgentius Planciada? Morcelli le rejette de sa liste.

Bonifacius monta sur le siège épiscopal vers 523. Il mourut en 535 après la chute de la domination vandale.

Reparatus lui succéda. On sait qu'il se rendit à Constantinople en 551.

Primasius. Morcelli pense qu'il ne mourut pas avant l'année 565.

Publianus était encore évêque en 581.

Dominicus occupait déjà le siège épiscopal en 591. Il vivait encore en 601.

Fortunius était évêque en 640.

Victor occupait encore le siège épiscopal en 649.

Après l'invasion des Arabes il faut franchir quatre siècles pour retrouver un évêque de Carthage.

Thomas occupait le siège épiscopal en 1054. Il fut en relation avec le pape Léon IX.

Cyriacus, évêque de Carthage en 1076, fut en relation avec le pape Grégoire VII.

De 1461 à 1804, douze prélats européens, suivant Morcelli ont porté le titre d'évêques de Carthage.

CIRTA (CONSTANTINE).

Crescens est le premier évêque connu. En 255, il vint à Carthage pour assister au concile présidé par saint Cyprien et où devait être débattue la question du baptême des hérétiques.

Paulus était évêque lorsque fut promulgué l'édit de Nicomédie (303). Il mourut vers 305.

Sylvanus succéda à Paulus.

Zeuzius occupait le siège épiscopal en 330;

Generosus, vers 400.

Profuturus succéda à Generosus ; on ne saurait porter au delà de 410 la durée de son épiscopat.

Fortunatus assista à la conférence de Carthage, en 411. Il fut un des sept commissaires choisis par le parti catholique.

Honoratus Antoninus était évêque sous le règne de Genséric.

Victor est le dernier évêque de Cirta ou Constantine dont l'histoire nous ait conservé le souvenir. Il vint, en 484, au concile convoqué à Carthage par Hunéric, roi des Vandales.

Nous n'avons pas besoin de dire que nous n'avons pas nommé ici les évêques donatistes. Il en est un pourtant qui mérite d'être mentionné à cause de sa grande réputation ; c'est *Pétilien*.

HIPPO-REGIUS (BONE *).

Théogène est le premier évêque connu. Il assista au concile convoqué en 255 par saint Cyprien.

Fidentius occupa le siége épiscopal vers 304 (?).

Leontius. On ne saurait préciser l'époque où il occupa le siége épiscopal. Il fut peut-être le successeur de Fidentius.

Faustinus était donatiste. Suivant Morcelli, il fut contemporain des empereurs Constance et Julien.

Valerius était déjà évêque d'Hippone lorsque saint Augustin revint d'Italie.

Augustinus (saint Augustin), de 395 à 430.

Heraclius avait été désigné au choix du clergé et du peuple par saint Augustin lui-même. Il devait lui succéder; mais il est vraisemblable, qu'il ne remplit pas ses fonctions, puisque la ville d'Hippone fut saccagée et brûlée par les Vandales. Elle ne se releva que plus tard.

Servandus fut sacré évêque d'Hippone par le pape Grégoire VII, vers 1076.

De tous les évêques qui ont résidé à Hippone, Servandus est le dernier dont le nom soit arrivé jusqu'à nous. Nous devons dire qu'à partir du quatorzième siècle un grand nombre de prélats européens ont porté le titre qu'avait illustré saint Augustin. Morcelli en compte quarante-trois (de 1375 à 1795).

SITIFI (SÉTIF).

Severus, vers 400.

Novatus assista à Carthage, à la conférence de 411 et au concile de 419.

Donatus vint au concile convoqué en 484, par Hunéric, roi des Vandales.

Optatus vint au concile convoqué en 525 par Boniface, évêque de Carthage.

IOL-CÆSAREA (CHERCHEL)

Quatre noms seulement ont échappé à l'oubli.

Fortunatus était évêque de Iol-Cæsarea, en 314. Il assista au concile d'Arles où furent condamnés les donatistes.

Clemens occupait le siége épiscopal au temps de la révolte de Firmus, vers 372.

Deuterius assista à la grande conférence qui eut lieu à Carthage, en 411, entre les catholiques et les donatistes.

Apocorius, enfin, vint au concile qui fut convoqué, en 484, par Hunéric, roi des Vandales.

CUICULUM (JIMMILAH).

Pudentianus assista, en 255, au concile de Carthage où fut discutée la question du baptême des hérétiques.

Elpidephorus assista, en 348, au concile de Carthage présidé par le métropolitain Gratus.

Cresconius assista à la conférence qui eut lieu à Carthage, entre les catholiques et les donatistes, en 411.

Victor vint au concile convoqué, en 484, par Hunéric, roi des Vandales.

Crescens se rendit à Constantinople et assista, en 553, au cinquième concile œcuménique.

ICOSIUM (ALGER).

Crescens assista, en 411, à la conférence de Carthage. Il était du parti des donatistes.

Laurentius assista, en 419, au concile convoqué à Carthage par l'évêque Aurelius.

Victor vint au concile convoqué, en 484, par Hunéric, roi des Vandales.

(*) La ville moderne de Bone, comme nous l'avons dit dans notre *histoire des Vandales*, est située à quelque distance de l'emplacement d'*Hippo-Regius*.

Igilgili (Jigel).

Urbicosus assista, en 411, à la conférence de Carthage.

Domitianus vint au concile convoqué, en 484, par Hunéric, roi des Vandales.

Saldæ (Bougie).

Paschasius est le seul évêque de cette ville dont le nom ait échappé à l'oubli. Il vint au concile convoqué, en 484, par Hunéric, roi des Vandales.

TABLE

DE L'AFRIQUE CHRÉTIENNE.

A.

Abitine, ville de la Proconsulaire ; courageuse conduite des chrétiens de cette ville sous Dioclétien ; ses martyrs ; p. 18. a.
Adéodat, fils de saint Augustin ; p. 31. a et b.
Agrippinus, premier évêque connu de Carthage ; son opinion sur le baptême ; il tient un concile ; p. 2. a.
Almohades (les) font disparaître de l'Afrique jusqu'au dernier vestige du christianisme ; p. 55. b.
Alypius, ami de saint Augustin ; p. 30. b ; 31. b ; 36. a.
Ambroise (saint) baptise saint Augustin ; p. 31. a.
Antalas, chef des tribus maures ; p. 54. a.
Antoine (l'évêque) condamné par les évêques africains est soutenu en vain par l'église de Rome ; p. 42. a.
Antonien, évêque de Numidie ; p. 14. a.
Apiarius (le prêtre) condamné par les évêques africains est soutenu en vain par l'église de Rome ; p. 42. a.
Apologétique (l') de Tertullien ; p. 3 et suiv.
Apringius, juge impérial en Afrique ; p. 38. a et b.
Arabes ; leur conquête ; ils anéantissent le christianisme en Afrique ; p. 54. b.
Arianisme (l') triomphe en Afrique par les Vandales ; p. 50 et suiv.
Ariens ; leur conduite à l'arrivée des Vandales ; p. 44. b.
Arles. Voy. *Conciles*.
Arnobe ; sa conversion ; il écrit un ouvrage pour la défense du christianisme ; p. 19. a.
Astarté Voy. *Junon-Céleste*.
Augustin (saint). Sa vie et ses ouvrages ; p. 30-45.
Aurélien (l'empereur) persécute les chrétiens d'Afrique ; pag. 16. b.
Aurélius ; évêque catholique de Carthage ; p. 33. b ; 34. a ; 36. a.

B.

Bélisaire ; son expédition en Afrique ; il met fin à la domination vandale et rend la paix à l'église catholique ; p. 53. a et b.
Boniface (le comte) ; p. 44. a et b.
Boniface, évêque de Carthage ; p. 53. a.
Botrus, prêtre de Carthage, ennemi de Cécilien ; p. 19. b.

C.

Carcasan, chef des tribus des Maures ; p. 54. a.
Carpophore, évêque de Carthage ; p. 16. b ; 17. b.
Carthage, point de départ de la prédication chrétienne en Afrique ; p. 2. a ; 45. a ; l'évêque de Carthage primat de l'Afrique ; 45. b.
Cassien ; sa doctrine ; p. 42. b.
Cécilien, évêque de Carthage ; il succède à Mensurius ; sa lutte contre le parti de Donat des Cases-Noires ; accusations portées contre lui ; il est reconnu comme évêque légitime par les conciles de Rome et d'Arles ; p. 19 et suiv. ; sa mort ; p. 27. b.
Cécilius, maître de saint Cyprien ; p. 11. a.
Célestius, ami de Pélage ; il propage en Afrique le pélagianisme ; p. 39 et suiv.
Celeusius, prêtre de Carthage, ennemi de Cécilien ; p. 19. b.
Celsus, vicaire impérial en Afrique, sa conduite à l'égard des donatistes ; p. 24. a et b.
Christianisme. A quelle époque le christianisme fut-il introduit en Afrique ? p. 2. a ; à quelle époque y fut-il anéanti ? p. 55. b.
Circoncellions (apparition des) ; p. 24. b, 25. a et b ; leurs excès ; ibid. et p. 28. a ; caractère du soulèvement des circoncellions ; leurs doctrines ; p. 25 et suiv.
Cirta ; persécution à Cirta ; p. 16. b.
Conciles africains, p. 2. a ; 11. a ; 13. b ; 15. a ; 19. b ; 20. a ; 28. a ; 28. b ; 32. a. 33. a et b ; 35, et suiv. ; 40. a ; 41. b ; 52. a ; 53. a ; 54. a.
Concile de Rome présidé par Miltiade ; les donatistes y sont condamnés ; p. 20 et suiv.
Concile d'Arles ; les donatistes y sont condamnés ; p. 23. a et b ; 24. a.
Conférence entre les évêques catholiques et les évêques donatistes à Carthage, p. 35 a et suiv.
Constant (l'empereur) persécute les donatistes ; p. 28. a.
Constantin (l'empereur) ; sa conduite à l'égard des donatistes ; p. 20. b ; 23. a ; 24. a et b.
Cyprien (saint) ; sa vie et ses ouvrages ; p. 11—16.
Cyriaque, évêque de Carthage au moyen âge ; p. 55. a.
Cyrus, évêque de Carthage ; p. 11. a.

D.

Decius (l'empereur) promulgue un édit de persécution ; p. 12. a.
Deuterius, évêque donatiste de la Mauritanie ; p. 28. a.
Dioclétien (l'empereur) ; ses édits de persécution ; p. 16. b ; 17. b.
Donat prédécesseur de saint Cyprien sur le siège épiscopal de Carthage ; p. 11. a.
Donat, des Cases-Noires ; se fait à Carthage le chef du parti opposé à Cécilien ; p. 19. b ; il donne son nom au schisme, p. 20 b ; il se porte comme accusateur de Cécilien, dans le concile de Rome ; p. 21. b ; il est condamné comme calomniateur ; p. 22. a et b ; son retour en Afrique ; p. 22. b.
Donat, évêque donatiste de Carthage, succède à Majorin ; p. b ; son opposition aux volontés de l'empereur Constant ; p. 28. a.
Donat, évêque donatiste de Bagaïa ; sa lutte contre l'empereur Constant ; p. 28. a.
Donatistes ; origine du schisme des donatistes ;

p. 19 et suiv; leur requête à Constantin; p. 20. b; ils sont condamnés dans le concile de Rome; p. 22. a et b; dans le concile d'Arles; p. 23. a et b; 24 a; par l'empereur, à Milan; p. 24. a; leur obstination; *ibid.*; ils sont persécutés; p. 24. b; ils se soulèvent; *ibid.*; appréciation du schisme des donatistes; p. 25 et suiv.; conduite des donatistes sous le règne de Julien; p. 29. a; leurs divisions au temps de saint Augustin; p. 33. a; sont poursuivis avec acharnement; p. 34 et suiv.; leur conduite à l'arrivée des Vandales; p. 44. b.

E.

Églises (nombre des) à Carthage et en Afrique; p. 45. b.
Étienne (le pape saint) ne partage point sur le baptême des hérétiques l'opinion de saint Cyprien; p. 15. a.
Eugène, évêque de Carthage, persécuté par les rois vandales; p. 52. b.
Évêchés (liste des) de l'Afrique; p. 46 et suiv.
Évêques (listes d') voy. l'appendice p. 56 et suiv.
Évodius, ami de saint Augustin; p. 31. b.

F.

Fasir, chef des circoncellions; p. 25. a.
Félicissime excite un schisme à Carthage; sa lutte contre saint Cyprien; p. 13. a.
Félicité (sainte); son martyre; p. 6 et suiv.
Félix, évêque de Tibiure; son courage au temps de la persécution de Dioclétien; sa mort; p. 18. a.
Félix, évêque d'Aptonge, impose les mains à Cécilien et le fait évêque; p. 19. b; sa justification; p. 22. a; 23. a.
Fortunat, évêque schismatique de Carthage; p. 13. b.
Fortunat, prêtre manichéen, dispute avec saint Augustin; p. 32. a.
Fortunius, évêque donatiste; p. 33. a.
Fundanus, évêque d'Abitine; sa lâcheté au temps de la persécution; p. 18. a.

G.

Galerius Maxime (le proconsul d'Afrique) juge et condamne à mort saint Cyprien; p. 15. b.
Galerius (le César) pousse Dioclétien à la persécution; p. 17. a et b.
Gargiliennes (les Thermes); les donatistes et les catholiques s'y rassemblent pour leur conférence; p 36. a.
Gasmul, chef des tribus maures; p. 54. a.
Gélimer remplace Hildéric; réaction de l'arianisme sous son règne; p. 53. a.
Gennadius, général byzantin, combat en Afrique les tribus maures; p. 54. a.
Genséric, roi des Vandales, persécute les catholiques; son règne; p. 50 et suiv.
Glorius, évêque donatiste; p. 33. a.
Gratus, évêque catholique de Carthage; p. 28. a et b.
Grégoire VII (le pape); ses rapports avec l'église d'Afrique; p. 55. a et b.

H.

Héraclien (le comte); sa révolte en Afrique; p. 37. b.
Héraclius (le prêtre) est choisi pour succéder à saint Augustin sur le siège épiscopal d'Hippone; p. 44. a.
Hilaire d'Arles, ses rapports avec saint Augustin; p. 42. b; 43. a
Hilarien, procurateur en Afrique, sous Sept me Sévère; il juge et condamne Perpétue, Félicité et leurs compagnons; p. 7. b.
Hildéric, roi vandale; sa tolérance à l'égard des catholiques; p. 52. b, et 53. a.
Honorius (l'empereur); favorable aux catholiques; p. 35 et suiv.; sévérité de ses édits contre les donatistes; p. 37. b; il sévit contre les pélagiens; p. 42. a.
Hunéric, roi des Vandales; son intolérance; il persécute les catholiques; p. 52. a et b.

I.

Innocent Ier (le pape) condamne Pélage et Célestius, et approuve l'opinion des évêques africains dans la question du pélagianisme; p. 41. b.

J.

Julien (l'empereur) rend la paix à l'église donatiste; ses vues; p. 28. b; 29. a.
Julien (évêque d'Eclane); ses discussions avec saint Augustin; p. 42. a.
Junon-Céleste, l'Astarté des Phéniciens; son culte; son temple; p. 33. b; 34. a.
Justinien (l'empereur), après les victoires de Bélisaire, protège les catholiques et persécute les ariens et les autres dissidents; réaction violente en Afrique; p. 53. a et b.

L.

Lambèse; persécution à Lambèse; p. 16. b.
Léon IX (le pape) intervient dans les querelles de l'église d'Afrique; sa lettre à l'évêque Thomas; p. 54. b, et 55. a.
Lucien (le martyr); son orgueil; il lutte contre saint Cyprien; p. 12. b.
Lucien, évêque de Carthage; p. 16. b.
Lucilla, femme riche et puissante, soutien par son crédit et ses richesses les ennemis de Cécilien; p. 19. b.

M.

Macaire persécute les donatistes; p. 28. a et b.
Macarienne (persécution); p. 28. a et b.
Majorin est opposé comme évêque à Cécilien; p. 20. a.
Manichéens; leur conduite à l'arrivée des Vandales en Afrique; p. 44. b.
Marcellin (le tribun) préside la conférence des évêques donatistes et catholiques à Carthage; il est favorable aux catholiques; p. 35 et suiv., sa mort; p. 37. b.
Masse-blanche; c'est le nom donné aux reliques des martyrs d'Utique; p. 16. b.
Maxida, chef des circoncellions; p. 25. a.
Maxime (l'évêque arien) discute avec saint Augustin; p. 43. b.
Maximianistes; p. 33. a.
Maximien, évêque donatiste de Carthage; p. 33 a.
Mensurius évêque de Carthage; p. 16. b. Sa prudence; son courage; sa mort; p. 8. b; 19. a.
Milan (arrêt de) qui confirme les sentences prononcées contre les donatistes par les conciles de Rome et d'Arles; p. 24. a.
Miltiade (le pape) condamne les donatistes; p. 21 et 22.

N.

Nébridius, ami de saint Augustin; p. 30. b.
Nicomédie (édit de); p. 17. a et b.
Novat, prêtre carthaginois; ses intrigues à Carthage et à Rome; p. 13. a et b.

O.

Optat, second évêque de Carthage; p. 2. a.
Optat (saint), évêque de Milève; son ouvrage sur le schisme des donatistes; p. 29. a et b.
Orose (Paul); p. 34. b.

P.

Païens, encore nombreux en Afrique au commencement du Ve siècle; saint Augustin les combat; p. 33. b; 34. a et b.
Parménien, évêque donatiste de Carthage; p. 33. a.
Paul persécute les donatistes; p. 28. a et b.
Paulin de Nole; saint Augustin lui adresse un de ses traités; p. 43. b.
Pélage et sa doctrine; p. 39 et suiv.
Pélagianisme; son histoire; p. 39 et suiv.
Pélagiens; leur conduite à l'arrivée des Vandales; p. 44. b.
Perpétue (sainte); son martyre; p. 6 et suiv.
Pétilien, évêque donatiste de Cirta; p. 33. a; 36. b.
Possidius, ami de saint Augustin; p. 31. b; 36. a.
Potentinus, évêque d'Utique; p. 54. b.
Primianistes; p. 33. a.
Primien, évêque donatiste de Carthage; p. 33. a.
Privat est condamné pour hérésie dans un concile tenu à Lambèse, en Numidie; p. 11, a; il est de nouveau condamné à Carthage où il excite un schisme; p. 13. b.
Prosper, ses rapports avec saint Augustin; p. 43. a.
Provinces ecclésiastiques en Afrique; p. 45. a et b; 54. a.
Purpurius, évêque de Limate; ses fureurs; p. 20. a.

Q.

Quodvultdeus, évêque de Carthage, persécuté par Genséric; p. 51. b.

R.

Reparatus, évêque de Carthage; p. 54. a.
Restitut, prêtre catholique, tué par les donatistes à Hippone; p. 38. a.
Révocatus; son martyre; p. 6 et suiv.
Rome (l'église de); ses rapports avec l'église d'Afrique; p. 12. b; 13. b; 14. a; 15. a; 20 et suiv.; 41. b; 42. a et b; 54. b; 55. a et b.
Rufus, évêque de Carthage; p. 27. b.

S.

Salomon, général byzantin, combat en Afrique les tribus du désert; p. 54. a.
Satur; son martyre; p. 6 et suiv.
Saturnin (Vigellius), proconsul d'Afrique, juge et condamne les *martyrs scillitains*; p. 2. b.
Saturnin; son martyre; p. 6 et suiv.
Scillitains (martyrs); leur condamnation et leur supplice; p. 2. b.
Secundulus; son martyre; p. 6 et suiv.
Secundulus, évêque de Tigisi; il se met à la tête des évêques qui veulent annuler l'élection de Cécilien; p. 19. b.
Semi-pélagianisme (le); p. 42 et suiv.
Servandus, évêque d'Hippone, est sacré par le pape Grégoire VII; p. 55. b.
Sévère (Septime) persécute les chrétiens d'Afrique, p. 2. a; 10. b.
Simplicien, évêque de Milan; ses rapports avec saint Augustin; p. 32. b.
Sixte (le prêtre) poursuit les Pélagiens avec ardeur; p. 42. a.
Suffète, ville de la Byzacène; soixante chrétiens y sont massacrés; p. 34. a.

T.

Tertullien et ses œuvres; p. 4. b.
Théogène, évêque d'Hippone; p. 16. b.
Thomas, évêque de Carthage au moyen âge; p. 54. b.
Thrasamund, roi vandale; son intolérance; il persécute les catholiques; p. 52. b.
Ticonius, savant docteur donatiste; p. 33. a.
Traditeurs. Ce nom fut donné à ceux qui livrèrent les ornements et les livres des églises au temps de la persécution dioclétienne; la qualification de traditeur devient la cause d'un schisme; p. 19. a et b.
Troglita (Jean), général byzantin, combat en Afrique les tribus maures; p. 54. a.

V.

Valentinien (l'empereur) poursuit les donatistes; son édit; p. 29. b.
Valère, évêque d'Hippone; il attache saint Augustin à son église; p. 31. b; 32. a.
Valérien (l'empereur) persécute les chrétiens d'Afrique; p. 15. a; 16. b.
Vandales (les); leur arrivée en Afrique; leurs ravages; p. 44 et suiv.; ils persécutent les catholiques; p. 50 et suiv.

Y.

Yabdas, chef des tribus maures; p. 54. a.

Z.

Zénon (l'empereur) intercède, pour les catholiques de l'Afrique, auprès de Genséric; p. 51. b.
Zozime (le pape) montre de la modération à l'égard de Pélage et de Célestius; son irrésolution; ses rapports avec les évêques de l'Afrique; p. 41. b; 42. a.

FIN DE LA TABLE DE L'AFRIQUE CHRÉTIENNE.